PROTEÇÃO DE DADOS PESSOAIS

www.lumenjuris.com.br

Editor
João Luiz da Silva Almeida

Conselho Editorial

Abel Fernandes Gomes
Adriano Pilatti
Alexandre Bernardino Costa
Ana Alice De Carli
Anderson Soares Madeira
André Abreu Costa
Beatriz Souza Costa
Bleine Queiroz Caúla
Bruno Soeiro Vieira
Daniela Copetti Cravo
Daniele Maghelly Menezes Moreira
Diego Araujo Campos
Enzo Bello
Firly Nascimento Filho
Flávio Ahmed
Frederico Antonio Lima de Oliveira
Frederico Price Grechi
Geraldo L. M. Prado

Gina Vidal Marcilio Pompeu
Gisele Cittadino
Gustavo Noronha de Ávila
Gustavo Sénéchal de Goffredo
Jean Carlos Dias
Jean Carlos Fernandes
Jeferson Antônio Fernandes Bacelar
Jerson Carneiro Gonçalves Junior
João Marcelo de Lima Assafim
João Theotonio Mendes de Almeida Jr.
José Emílio Medauar
José Ricardo Ferreira Cunha
José Rubens Morato Leite
Josiane Rose Petry Veronese
Leonardo El-Amme Souza e Silva da Cunha
Lúcio Antônio Chamon Junior
Luigi Bonizzato
Luis Carlos Alcoforado

Luiz Henrique Sormani Barbugiani
Manoel Messias Peixinho
Marcelo Pinto Chaves
Marcelo Ribeiro Uchôa
Márcio Ricardo Staffen
Marco Aurélio Bezerra de Melo
Marcus Mauricius Holanda
Maria Celeste Simões Marques
Murilo Siqueira Comério
Océlio de Jesus Carneiro de Morais
Ricardo Lodi Ribeiro
Roberto C. Vale Ferreira
Salah Hassan Khaled Jr.
Sérgio André Rocha
Simone Alvarez Lima
Valter Moura do Carmos
Vicente Paulo Barreto
Vinícius Borges Fortes

Conselheiros beneméritos
Denis Borges Barbosa (*in memoriam*)
Marcos Juruena Villela Souto (*in memoriam*)

Filiais

Sede: Rio de Janeiro
Rua Octávio de Faria, nº 81 – Sala 301
CEP: 22795-415 – Recreio dos Bandeirantes
Rio de Janeiro – RJ
Tel. (21) 3933-4004 / (21) 3249-2898

Minas Gerais (Divulgação)
Sergio Ricardo de Souza
sergio@lumenjuris.com.br
Belo Horizonte – MG
Tel. (31) 9-9296-1764

São Paulo (Distribuidor)
Rua Sousa Lima, 75
CEP: 01153-020
Barra Funda – São Paulo – SP
Telefax (11) 5908-0240

Santa Catarina (Divulgação)
Cristiano Alfama Mabilia
cristiano@lumenjuris.com.br
Florianópolis – SC
Tel. (48) 9-9981-9353

Vinícius Sampaio

PROTEÇÃO DE DADOS PESSOAIS

da privacidade ao
interesse coletivo

Editora Lumen Juris
Rio de Janeiro
2020

Copyright © 2020 *by* Vinícius Sampaio

Categoria: Direito Processual

PRODUÇÃO EDITORIAL
Livraria e Editora Lumen Juris Ltda.

Diagramação: Alex Sandro Nunes de Souza

A LIVRARIA E EDITORA LUMEN JURIS LTDA.
não se responsabiliza pelas opiniões
emitidas nesta obra por seu Autor.

É proibida a reprodução total ou parcial, por qualquer meio ou processo, inclusive quanto às características gráficas e/ou editoriais. A violação de direitos autorais constitui crime (Código Penal, art. 184 e §§, e Lei nº 6.895, de 17/12/1980), sujeitando-se a busca e apreensão e indenizações diversas (Lei nº 9.610/98).

Todos os direitos desta edição reservados à
Livraria e Editora Lumen Juris Ltda.

Impresso no Brasil
Printed in Brazil

CIP-BRASIL. CATALOGAÇÃO-NA-FONTE

S192p

Sampaio, Vinícius
    Proteção de dados pessoais : da privacidade ao interesse coletivo / Vinícius Sampaio. – Rio de Janeiro : Lumen Juris, 2020.
    170 p. ; 21 cm.

Bibliografia : p. 141-154.

ISBN 978-65-5510-202-4

1. Direito da personalidade. 2. Internet - Legislação - Brasil. 3. Proteção de dados. 4. Direito à privacidade. 5. Interesse coletivo. I. Título.

CDD 343

Ficha catalográfica elaborada por Ellen Tuzi CRB-7: 6927

Ao meu melhor amigo (e pai), Dávius.
À minha mãe, Lilian.
E aos meus pais acadêmicos, Irineu e Greice.

[...] como regular a propriedade dos dados? Essa talvez seja a questão política mais importante da nossa era. Se não formos capazes de responder a essa pergunta logo, nosso sistema sociopolítico pode entrar em colapso.

Yuval Noah Harari[1]

---

1 HARARI, Yuval Noah. *21 lições para o século 21*. São Paulo: Companhia das Letras, 2018, p. 110-111.

Agradecimento

Agradeço ao professor Irineu Francisco Barreto Junior, por toda a orientação durante o mestrado, suas aulas e, sobretudo, por sua amizade.

Aos professores Diogo Rais Rodrigues Moreira e Roberto Senise Lisboa, pelas importantes contribuições a esta pesquisa durante as bancas de qualificação e de defesa da dissertação que deu origem a este livro.

Às professoras Greice Patrícia Fuller e Ana Elizabeth Lapa Wanderley Cavalcanti e ao professor Jorge Shiguemitsu Fujita, que desde a minha graduação são fontes de inspiração e admiração, por suas lições.

Aos colegas do programa de Mestrado em Direito do Centro Universitário das Faculdades Metropolitanas Unidas, pelas constantes trocas de conhecimento e por me fazerem sentir sempre entre amigos.

À minha família e aos meus amigos, por sempre torcerem por mim.

À Beatriz, meu amor, por seu apoio e companheirismo constantes.

À minha mãe, por me apoiar sempre.

Ao meu pai, por tudo.

Sumário

Prefácio XIII
Introdução 1
1 Da privacidade à proteção de dados pessoais 5
  1.1 Evolução da dicotomia público-privado 6
  1.2 Direito à privacidade 14
  1.3 Proteção de dados pessoais 22
2 Sociedade da Informação 33
  2.1 O tratamento de dados pessoais serve ao mercado e à política 45
    2.1.1 Novas técnicas de marketing, consumo e privacidade 49
    2.1.2 Política e fake news sob medida: disputa e poder informacional 62
  2.2 Dados pessoais: perspectivas e expectativas. 77
3 Proteção de dados pessoais: direito metaindividual ... 89
  3.1 Estágio atual da proteção de dados pessoais no País 90
  3.2 Interesses metaindividuais 113
  3.3 Por uma mudança de paradigma: da autodeterminação informacional à tutela de interesses metaindividuais 122
4 Considerações finais 135
Referências 141

Prefácio

A interconectividade em rede revolucionou a sociabilidade humana e impôs a necessidade de adoção de novos paradigmas voltados à proteção da privacidade.

Consoante à hiperexposição das esferas mais recônditas da intimidade, propiciada pela máquina de exploração dos dados pessoais dos usuários de aplicações e tecnologias da Internet, sempre necessário salientar que a proteção da esfera individual é um dos legados fundantes das revoluções burguesas do século XVIII, responsáveis pela gênese de remédios jurídicos voltados à criação de barreiras contra a ingerência excessiva do Estado na esfera individual.

Hodiernamente, novos desafios são impostos frente às múltiplas possibilidades de violação da privacidade, movidas por interesses mercadológicos de maximizar as propriedades preditivas dos dados pessoais, ou frente aos anseios de Estados autoritários na sanha de alimentar o *Leviatã* de monitoramento da conduta dos cidadãos, perseguição de opositores, imposição de censura às opiniões divergentes ou mesmo prover de dados a máquina de aniquilação de minorias étnicas ou religiosas, ações genocidas fartamente vistas em anos recentes.

O Brasil erigiu, nas últimas décadas, um aparato normativo robusto voltado à proteção da privacidade inaugurado com a Constituição Federal de 1988, continuado pelo Marco Civil da Internet e com a recentemente promulgação da Lei Geral de Proteção de Dados Pessoais, instituto que consolida a legislação brasileira, reitera o caráter de direito fundamental à proteção dos dados pessoais, consoante ao julgamento da Corte Constitucional alemã, de 1983, que criou de forma pioneira o conceito de autodeterminação informativa. Em síntese, a atribuição da titularidade dos dados pessoais ao usuário das aplicações de internet, parametrizada pela determinação de consentimento deste para tratamento de seus registros, reconhece um direito autônomo de forma inequívoca aos cidadãos no ambiente informacional. E neste ponto reside a necessária análise hermenêutica quanto à efetividade deste instituto.

Nesse enfoque reside a imprescindível contribuição da pesquisa de Vinícius Garcia Ribeiro Sampaio, que originou esta obra, e propõe examinar a ousada hipótese de subsunção da proteção de dados à categoria de interesse metaindividual, com o intuito de deslocar o enfoque do aparato normativo, entre a aplicação episódica da autotutela informacional, para a prevenção de riscos difusos e coletivos. A propositura desta hipótese e o rigor na sua análise equiparam o estudo a uma tese de doutoramento, não obstante ser resultado de uma dissertação de mestrado, conforme apreciação que certamente será compartilhada no ambiente acadêmico agora que a obra se torna pública.

O estudo aborda, erigindo sólida base para exame da hipótese proposta, o constructo da privacidade e da proteção dos dados, sua gênese e esforço na superação da dicotomia entre público e privado, o contexto da Sociedade da Informação e o atual patamar normativo da proteção de dados brasileira. Fundada nestas sólidas premissas, a obra examina a proposta de mudança de paradigma intitulada pelo autor como *"da autodeterminação informacional à tutela de interesses metaindividuais"*, o que reitera ainda mais o alcance hermenêutico deste livro.

Convidamos para a leitura desta obra os estudiosos do direito informacional, direito eletrônico e especialmente os professores e pesquisadores da Sociedade da Informação, além de juristas, membros do poder público e cidadãos interessados em conhecer estratégias que possam mitigar os efeitos impostos pela hiperexposição e potencializar o aparato protetivo dos dados pessoais.

Ao término, agradecemos pela oportunidade de ter orientado a pesquisa que originou este livro e pelo convite para redação deste sincero prefácio.

Prof. Dr. Irineu Barreto
Pós Doutor em Sociologia pela USP, Doutor em Ciências Sociais pela PUC-SP e Docente do Programa de Mestrado em Direito da Sociedade da Informação – FMU-SP.

Introdução

Este livro examina os paradigmas recentes da proteção de dados pessoais com o objetivo de apreciar a possibilidade de que a tutela das informações da pessoa natural transcenda a individualidade e enseje o reconhecimento de uma natureza jurídica de direito metaindividual, levando em conta os riscos inerentes ao tratamento dessas informações, a par de disposições expressas na legislação. Não se trata, portanto, meramente da possibilidade de ação coletiva em caso de dano coletivo (*lato sensu*), mas do questionamento quanto à viabilidade e oportunidade de determinações mais taxativas que regulem a coleta e o tratamento dessas informações, sem descurar da autodeterminação informacional.

No século XX, o tratamento de dados pessoais, a título da implementação de projetos políticos, serviu ao desenvolvimento de políticas públicas e foi base de estudos demográficos e populacionais, mas, não obstante, também fomentou violações de direitos humanos, tais como perseguições étnicas e políticas eugênicas (a exemplo de práticas do Nazismo), o que levou a regulamentações e restrições dessa prática. Nesses casos, os Estados foram os artífices dessas políticas e responsáveis por coletar, armazenar e tratar dados por meio de censos e métodos estatísticos.

No século XXI, agentes privados parecem ter maior potencial de tratamento e as novas normas já não ignoram essa perspectiva. A partir da preocupação crescente com a proteção dos dados pessoais, houve o aceleramento de processos legislativos, a exemplo do Regulamento Geral de Proteção de Dados da União Europeia, que inspiraram a legislação brasileira. Isso se viabiliza graças à elevada disponibilidade de matéria-prima (*Big Data*) e à supercapacidade de processamento por inteligência artificial (*deep learning*).

Existe hoje um movimento de observância dos requisitos para a coleta e o tratamento de dados pessoais, com destaque ao consentimento de seu titular. Entretanto, o estágio atual da doutrina já permite observar que a questão da proteção da privacidade e segurança de dados pessoais não é apenas individual, mas relacionada em grande parte ao poder político e à própria democracia, expandindo seus horizontes para além de possíveis questionamentos quanto à viabilidade prática da autodeterminação informacional.

O que se questiona neste estudo é se os riscos inerentes às práticas de tratamento de dados pessoais, de um lado, e as tendências à inviabilidade da autodeterminação informacional, de outro, não demandam, além dos importantes avanços recentes na área, maior restrição, a par dos princípios que vêm sendo assentados em Lei, tais como maior observância da finalidade, sua adequação e a adoção de políticas de boas práticas e segurança na gestão de dados.

Esta pesquisa, com o intuito de enfrentar esses questionamentos, estrutura-se em três capítulos. No primeiro, aborda-se a história recente da privacidade e sua proteção jurídica, por meio da observação das mudanças da dicotomia público-privado a partir da transição ao século XIX, da tutela jurídica específica da privacidade e sua evolução à proteção de dados pessoais.

No segundo, expõem-se as características da Sociedade da Informação para, então, levantar-se a experiência concreta do tratamento de dados em relação à internet e, além disso, alguns prognósticos que a academia vem fazendo para um breve futuro, levando-se em conta a evolução em progressão geométrica das capacidades de armazenamento e processamento de dados, este último automatizado de forma inédita na história, por meio da chamada inteligência artificial — e a questão não é a tecnologia em si, mas os vieses políticos por trás dela e os interesses de quem a detém.

No terceiro, levando-se em conta os parâmetros dos capítulos anteriores, abordam-se as possibilidades de subsunção desses fatos jurídicos às hipóteses de direitos metaindividuais, bem como a necessidade de um olhar que priorize a proteção de dados enquanto interesse metaindividual, e não como um direito de importância exclusiva para o indivíduo.

Parece haver a caracterização de violação de direitos coletivos (em sentido estrito) em eventos como a violação do sigilo de bancos de dados em períodos eleitorais, influência de robôs agindo em redes sociais e deturpando a exposição orgânica de conteúdo, disparos em massa de WhatsApp com conteúdo fraudulento e disseminação de *Fake News* — fatores que desequilibram os processos eleitorais e tolhem dos cidadãos a oportunidade de pautar suas escolhas políticas em informações fidedignas e formular escolhas racionais.

Por outro lado, também parece haver uma segunda hipótese, na perspectiva de que a cessão de dados de um conjunto identificável de pessoas possa prejudicar quem não faz parte desse grupo, mas compõe sua rede de relacionamentos, contatos e vínculos em redes sociais. De forma mais ampla, o risco alcança potencialmente toda a população, mesmo quem não esteja conectado à web. Nesse sentido, aparentemente, essas potencialidades podem caracterizar a proteção dados como direito difuso, categoria não compreendida expressamente pela Lei Geral de Proteção de Dados Pessoais, que já prevê a possibilidade de que a defesa de interesses relacionados à proteção de dados seja feita coletivamente.

É importante que essa possibilidade seja apreciada, para que possa haver, potencialmente, novos avanços na proteção de dados, em razão das consequências para sua defesa concreta, por meio da tutela de direitos difusos e coletivos, para além do paradigma da autodeterminação informacional, do consentimento do titular dos dados.

A pesquisa adotou a metodologia jurídico-sociológica[1], que se propõe a compreender o fenômeno jurídico num ambiente social amplo. Esse enfoque analisa o direito como variável dependente da sociedade e trabalha com as noções de eficiência, eficácia e efetividade da interação dialética entre a norma jurídica e as relações sociais. Trata-se de um método que se preocupa em examinar a facticidade do Direito e as relações que ele estabelece com o próprio sistema normativo e com os demais campos: sociocultural, político e antropológico.

---

1 GUSTIN, Miracy B. S.; DIAS, Maria Teresa Fonseca. *(Re)pensando a pesquisa jurídica*. 2.ed. ver., ampl. e atual. Belo Horizonte: Del Rey, 2006.

1 Da privacidade à proteção de dados pessoais

Este capítulo abordará a perspectiva histórica da privacidade, fazendo um recorte a partir do século XIX, momento em que se começa concretamente a defender a ideia de um direito à vida privada, por meio da leitura de bibliografia histórica, sociológica e jurídica sobre esse tema. É comum verificar na doutrina a menção a Warren e Brandeis[2], que em 1890 propuseram o reconhecimento do direito à privacidade a partir de decisões judiciais que começavam a proteger a vida privada individual em detrimento da liberdade de expressão e do interesse público: tratava-se de proteger o indivíduo contra o que eles chamavam de "curiosidade lasciva e ociosa da imprensa". Este estudo propõe, então, uma abordagem com o intento de verificar possíveis causas e consequências dessa nova perspectiva — afinal, direitos não surgem sem motivo e as razões para inovações como essa não são simples, tampouco facilmente reconhecíveis.

A compreensão da privacidade perpassa pela noção dicotômica entre *público* e *privado* ou entre *vida pública* e *vida privada*. Há mudanças nesses fatores ao longo de toda a História, havendo menções inclusive à Grécia Antiga, mas o que importa mais a esta pesquisa, tanto pela necessária brevidade quanto pela relevância com o contexto, são aquelas provenientes da ascensão da burguesia, Revolução Industrial, intensificação do

---

2 WARREN, Samuel. D.; BRANDEIS, Louis. D. The Right to Privacy. *Harvard Law Review*, Boston, Massachusetts, EUA, v. 4, n. 5, dez. 1890, pp. 193-220. Disponível em: <http://www.jstor.org/stable/pdf/1321160.pdf>. doi:10.2307/1321160.

capitalismo e as mais recentes, resultado do novo paradigma da Sociedade da Informação — sem objeção a possíveis outras expressões utilizadas por diversos autores, como sociedade em rede, modernidade líquida etc. —, cujo desenvolvimento elevou a importância dos dados pessoais e demanda reflexões sobre a proteção da privacidade do internauta.

Naturalmente, trata-se de um panorama geral, que embasará os capítulos seguintes, uma vez que compreender a fundo esse tema demandaria pesquisa muito mais extensa que este livro (Ariès e Duby coordenaram uma obra de cinco volumes para tanto)[3]. Enfim, o objetivo deste capítulo é demonstrar que a discussão acerca da privacidade, desde a proposta de Warren e Brandeis, teve forte relação com a proteção individual (ainda que atingisse a coletividade de forma reflexa), mas, com a mudança à Sociedade da Informação, passa a ter importância imediata além do indivíduo.

1.1 Evolução da dicotomia público-privado

Antes de adentrar os temas de privacidade e proteção de dados, este tópico pretende elucidar alguns parâmetros históricos relacionados à sua tutela jurídica, porque a proteção desses direitos parece ter clara relação com o resultado político dos arranjos subsequentes às revoluções Francesa, Industrial e Informacional.

Sennett[4] denuncia o que ele denomina como "as tiranias da intimidade", advindas de um processo de "declínio do homem público", título de seu livro. Para o autor, alguns fatores, que se-

---

[3] ARIÈS, Philippe; DUBY, Georges. *História da vida privada*. Vol. 1 a 5. 14. ed. Companhia das Letras: São Paulo, 1990.

[4] SENNETT, Richard. *O declínio do homem público*: as tiranias da intimidade. Rio de Janeiro: Record, 2016.

rão apresentados neste capítulo, contribuíram para a substituição da atuação (no sentido teatral) da vida pública para a expressão do eu autêntico. A pesquisa aqui exposta não abordará as tais tiranias da intimidade[5] a fim de manter o escopo do estudo, mas aproveitará conceitos e informações históricas importantes da obra. Sennett[6] apresenta dados históricos para apontar que durante o Antigo Regime (século XVIII) houve um êxodo rural para as grandes metrópoles europeias de Paris e Londres, que provocou uma nova versão da vida pública.

Um dos exemplos utilizados pelo autor é a moda. Naquele contexto, as roupas vestidas em público denotariam a posição social, enquanto a intimidade do lar permitiria vestes mais confortáveis[7]. A preocupação da moda, nesse sentido, não era a afirmação da personalidade, mas permitir ao interlocutor uma interação segura. O autor aponta que "O comportamento 'público' é, antes de tudo, agir a uma certa distância do eu, de sua história imediata, de suas circunstâncias e de suas necessidades [...]"[8]. É claro que as roupas são apenas um exemplo, que serve à comparação com o *teatrum mundi*, a atuação pública diária. A distinção entre público e privado parecia mais clara à medida que o comportamento variava de acordo com o ambiente: enquanto nos cafés suspendiam-se as distinções de extrato social,[9] nos par-

---

5 Segundo o autor, uma tirania não precisa ser brutal, tampouco subsistir numa única pessoa (op cit., p. 484): "A intimidade é uma tirania, na vida diária, dessa última espécie. Não é a criação forçada, mas o aparecimento de uma crença num padrão de verdade para se medir as complexidades da realidade social" (idem), o que ele sustenta em referência à invasão do privado sobre o público, do "eu autêntico".

6 Op. cit., p. 77.

7 Op. cit., p. 105.

8 Op. cit., p. 132.

9 Op. cit., p. 125.

ques ela era mais codificada, distante[10]. A interação variava de acordo com sua finalidade e estar em público ou num ambiente reservado era determinante.

Cancelier[11] aponta que "Com a desagregação da sociedade feudal e a emergência da classe burguesa, seu fascínio pela individualidade é potencializado". E acrescenta: "O burguês apropria-se dos espaços, levantando novas barreiras, buscando a proteção de um local apenas seu, revelando uma nova necessidade de *intimidade*". Para a compreensão dessa ideia, é necessário verificar as influências da Revolução Francesa sobre a sociedade. Perrot[12] diz que:

> O século XVIII havia apurado a distinção entre o público e o privado. O público tinha se desprivatizado até um certo ponto, apresentando-se como a 'coisa' do Estado. O privado, antes insignificante, havia se revalorizado a ponto de se converter em sinônimo de felicidade. Assumira um sentido familiar e espacial, que no entanto estava longe de esgotar a diversidade de suas formas de sociabilidade.
> Neste processo, a Revolução Francesa opera uma ruptura dramática e contraditória, sendo preciso, aliás, distinguir seus efeitos a curto e a longo prazo. No nível imediato, há a desconfiança de que os 'interesses privados', ou particulares, oferecem uma sombra propícia aos complôs e às traições. A vida pública postula a transparência;

---

10 Op. cit., p. 131.

11 CANCELIER, Mikhail Vieira de Lorenzi. O direito à privacidade hoje: perspectiva histórica e o cenário brasileiro. *Sequência*, Florianópolis, n. 76, p. 213-240, ago. 2017. Disponível em: <http://www.scielo.br/pdf/seq/n76/2177-7055-seq-76-00213.pdf>.

12 PERROT, Michelle. Outrora, em outro lugar. In: PERROT, Michelle (Org.). *História da vida privada*: da Revolução Francesa à Primeira Guerra. Coleção dirigida por Philippe Ariès e Geroges Duby. São Paulo: Companhia das Letras, 1991, p. 17.

> ela pretende transformar os ânimos e os costumes, criar um homem novo em sua aparência, linguagem e sentimentos, dentro de um tempo e de um espaço remodelados, através de uma pedagogia do signo e do gesto que procede o exterior para o interior.
> Num prazo mais longo, a Revolução acentua a definição das esferas pública e privada, valoriza a família, diferencia os papéis sexuais estabelecendo uma oposição entre homens políticos e mulheres domésticas. Embora patriarcal, ela limita os poderes do pai em vários pontos e reconhece o direito do divórcio. Ao mesmo tempo, proclama os direitos do indivíduo [...].

Sobre esses eventos, Hunt[13] destaca:

> Durante a Revolução, as fronteiras entre a vida pública e a vida privada mostraram uma grande flutuação. A coisa pública, o espírito público invadiu os domínios habitualmente privados da vida. Não resta dúvida que o desenvolvimento do espaço público e a politização da vida cotidiana foram definitivamente responsáveis pela redefinição mais clara do espaço privado no início do século XIX. O domínio da vida pública, principalmente entre 1789 e 1794, ampliou-se de maneira constante, preparando o movimento romântico do fechamento do indivíduo sobre si mesmo e da dedicação à família, num espaço doméstico determinado com uma maior precisão. No entanto, antes de chegar a este termo, a vida privada iria sofrer a mais violenta agressão já vista na história ocidental.
> Os revolucionários se empenharam em traçar a distinção entre o público e o privado. Nada que fosse particu-

---

13   HUNT, Lynn. Revolução Francesa e vida privada. In: PERROT, Michelle (Org.). *História da vida privada*: da Revolução Francesa à Primeira Guerra. Coleção dirigida por Philippe Ariès e Geroges Duby. São Paulo: Companhia das Letras, 1991, p. 21.

lar (e todos os interesses eram particulares por definição) deveria prejudicar a vontade geral da nova nação.

Hunt esclarece que a distinção entre *público* e *privado* esmaeceu em razão da dificuldade que surgiu de distinguir o *homem público* do *homem privado*, porque, aos revolucionários, não bastava a ocupação pública, por exemplo; era preciso que houvesse a defesa e a exteriorização dos valores da Revolução — a grosso modo, eram algo como as tais *tiranias da intimidade* denunciadas por Sennett (não exatamente no sentido empregado pelo sociólogo, mas a entrada do privado no público. O homem tornou-se mais importante que seu cargo). Hunt colhe uma passagem de um discurso de Robespierre, de 5 de fevereiro de 1794:

> Em nosso país, queremos substituir o egoísmo pela moral, a honra pela probidade, os usos pelos princípios, as conveniências pelos deveres, a tirania da moda pelo império da razão, o desprezo à desgraça pelo desprezo ao vício, a insolência pelo orgulho, a vaidade pela grandeza da alma, o amor ao dinheiro pelo amor à glória, a boa companhia pelas boas pessoas, a intriga pelo mérito, o espirituoso pelo gênio, o brilho pela verdade, o tédio da volúpia pelo encanto da felicidade, a mesquinharia dos grandes pela grandeza do homem [...].[14]

Ainda, com o aumento populacional decorrente do êxodo rural para a satisfação da necessidade de mão de obra, criou-se um grande número de desconhecidos,[15] além de uma nova distribuição geográfica populacional, "uma nova forma de dominação,

---

14 ROBESPIERRE, 1794, *apud* HUNT, 1991, p. 23.
15 SENNETT, op. cit., p. 200.

um despojamento da cidade que se impôs aos trabalhadores",[16] que utilizariam o espaço público somente para trabalho e consumo, ficando normalmente restritos ao seu bairro.

Se já surgiam tais contornos, com a Revolução Industrial e o consequente surgimento da loja de departamentos, que se tornou possível graças à fabricação de produtos em larga escala, alterou-se a experiência do consumo. Antes, entrava-se numa loja para negociar, pechinchar e, quase obrigatoriamente, adquirir um produto. Tratava-se, na ótica sennettiana, de uma atuação, no sentido teatral. A partir desse novo modelo de negócio, consistente em grande quantidade e baixa margem de lucro, não há diálogo; o cliente entra, vê os preços e compra se quiser. Deixa de ser ator, para sujeitar-se à proposta do vendedor[17]. A moda, ao mesmo tempo, mudou com o fetichismo das mercadorias, porque a reputação dos bens de consumo permitia desviar a atenção da diferença de classes:

> Um vestido, em 1750, não era uma questão de como a pessoa se sentia: era uma marcação, elaborada e arbitrária, do lugar que ela ocupava na sociedade [...]. Por volta de 1891, possuir o vestido certo, fosse ele produzido em massa e não muito bonito, leva uma mulher a sentir-se casta ou sexy, uma vez que suas roupas 'a' expressavam.[18]

Sobre a moda no período revolucionário francês, ao final do século XVIII, Hunt[19] escreve que "Um dos exemplos mais claros da invasão do público no espaço privado é a preocupação constante com o vestuário. Desde a abertura dos Estados Gerais em

---

16 Idem, p. 203.
17 Idem, p. 210.
18 Idem, p. 217.
19 Op. cit., p. 24.

1789, a roupa possui um significado político [...]", ao que descreve as relações entre as roupas e cargos e aspirações pretendidos — a Revolução demandava modéstia, por exemplo, dispensando o luxo que poderia remeter à nobreza. Entretanto, o fetiche imputado aos bens de consumo a partir de sua produção em massa confere um novo status a quem os tem.

O foco da *atuação em público* deixa de ser o outro, a experiência pública, a rigidez aparente dos extratos sociais, entre outros fatores. Passa a ser o indivíduo, que se vale de bens de consumo, roupas etc. para afirmar (ou projetar) sua personalidade. Se o que importa é projetar ou expressar a própria personalidade, não mais por códigos aristocráticos, mas pela própria individualidade, aliviando tensões entre classes (ou democratizando o prestígio da imagem), também ganham mais relevância a vida privada e o resguardo daquilo que não se quer deixar à vista de outrem. Cancelier[20] sintetiza essa ideia:

> Enaltecida pelos burgueses, a privacidade consegue concretizar-se com ainda mais força com as transformações socioeconômicas da revolução industrial. Altera-se a arquitetura não apenas do local onde se vive, mas também do local de trabalho, ampliando-se a distância entre ambos (RODOTÀ, 2008, p. 26). Marca dessa sociedade, a preocupação com a vida privada e a intimidade (fazendo uso das expressões positivadas em nossa Constituição), faz surgir a necessidade de tutela dessa novidade em construção, e já no século XIX começou-se a ter contato com os primeiros traços de um direito à privacidade.

No campo da política, há mudanças importantes, conforme expõe Sennett ao tratar dos "homens públicos do século XIX".

---

20 Op. cit., p. 216.

Ele analisa o cenário político a partir dessas mudanças de comportamento, influenciado pela transposição da intimidade às questões públicas, isto é, a personalidade na política passa a se sobrepor à ideologia (o político passa a ser mais importante que seu partido; o candidato, mais importante que suas propostas), a comunidade torna-se mais moralista que ideológica e a falta de interação social enseja uma personalidade coletiva hostil ao diferente, de modo que se respeitam apenas aqueles que "realmente" fazem parte do grupo, que têm sua identidade comum[21].

Em outras palavras, a aproximação do eu, da identidade autêntica (hoje tão valorizada) à vida pública tende a influenciar os diversos campos da sociedade, mormente o mercado e a política, de modo que o mercado adquire status estratégico na garantia da expressão de si (por meio da moda, de bens de consumo etc., que permitem ao indivíduo ter o status que deseja) e a política, que mesmo por meio de um jogo democrático tende a se pautar mais pelas identidades comuns do que por interesses coletivos. E talvez esteja aí uma pista da clássica preocupação de Warren e Brandeis sobre o conflito entre privacidade e imprensa (sobretudo personalidades importantes e famosas *versus* a imprensa e sua busca pela audiência).

Esses fatos históricos dão a entender que, numa sociedade liberal e capitalista, o direito à privacidade foi uma criação que se tornou uma condição *sine qua non* à convivência social. Isso porque é bastante difícil imaginar uma sociedade realmente democrática — e, portanto, liberal — sem liberdade de imprensa, mas, por outro lado, um Estado liberal não permitiria que esta liberdade, necessária à democracia, se voltasse contra as próprias pessoas, isto é, se desvirtuasse e se tornasse um novo impedimento à liberdade.

---

21 Op. cit., p. 345.

1.2 Direito à privacidade

Conforme se extrai da análise histórica da vida privada, o direito à privacidade não consiste numa criação por si só, num exercício criativo de juristas que queriam uma sociedade melhor, mas na observação de uma necessidade. Uma das principais origens de seu reconhecimento jurídico, segundo parte da doutrina, está no direito estadunidense. Solove[22] sustenta que "Para os colonos, a América proporcionou privacidade sem precedentes. Como David Flaherty anota, o isolamento já estava disponível na América colonial'"[23]. O autor aponta que, apesar dos espaços amplos, a vigilância era potencial e constante, já que o número baixo de pessoas permitia fácil identificação, como ainda hoje ocorre em cidades pequenas em que todos se conhecem.

A lei já protegia o lar, conforme aponta Solove[24]: "A máxima de que o lar é o castelo do indivíduo apareceu primeiramente em 1499. Mais conhecido é o pronunciamento judicial no *Caso de Semayne* em 1604 de que 'a casa de todo mundo é para si seu castelo e sua fortaleza'"[25]. Ainda, o autor explica que "Durante a Guerra Revolucionária [da independência dos Estados Unidos], o problema central da privacidade era a liberdade contra

---

22 SOLOVE, Daniel. A brief history of information privacy law. *GWU Law School Public Law Research Paper*, [S. l.], n. 215, 2016, p. 4. Disponível em: <https://ssrn.com/abstract=914271>.

23 Original em inglês: "*To the colonists, America afforded unprecedented privacy. As David Flaherty notes, '[s]olitude was readily available in colonial America.*'".

24 Op. cit., p. 4.

25 Original em inglês: "*The maxim that the home is one's castle appeared as early as 1499. Better-known is a judicial pronouncement in* Semayne's Case *in 1604 that 'the house of every one is to him as his castle and fortress*".

a intrusão governamental"[26] e que disso decorreram a terceira, quarta e quinta emendas à *Bill of Rights*, que determinavam, respectivamente, (3ª) a proteção do lar contra a invasão de soldados a mando do governo, (4ª) limitações a buscas arbitrárias do governo e (5ª) a garantia do indivíduo de não testemunhar sobre informações que possam incriminá-lo.

Sobre o século XIX, Solove[27] destaca novas ameaças à privacidade e preocupações de protegê-la. Entre essas ameaças, estão (i) os censos do governo, que chegaram a ter 142 questões em 1860 e divulgavam publicamente diversas informações, para que as pessoas pudessem verificar erros, (ii) o sigilo de correspondência, cujas violações constantes culminaram num estatuto do Congresso Americano de 1825 e numa decisão da Suprema Corte em 1877 (*ex parte Jackson*), que baseada na quarta emenda da *Bill of Rights* obstava a intromissão estatal em cartas, documentos etc. e (iii) as comunicações telegráficas, cuja proteção demandou do Judiciário uma resposta às tentativas do governo de usar seus registros após a Guerra Civil para investigações.

Além disso, o autor aborda especialmente alguns *cases* vitais para a construção da privacidade naquele país de tradição jurídica da *common law*: (i) *Boyd v. United States*, 1886, em que a Corte prestigiou a liberdade e segurança pessoais e a propriedade privada em detrimento do interesse do Estado pela produção de provas documentais e (ii) *Union Pacific Railway v. Botsford*, 1891, em que se prestigiou a intimidade do corpo da demandante — o autor acrescenta, para o mesmo fim, o caso *De May v. Roberts*, 1881, em que um médico permitiu que "'um jovem solteiro' sem estudos em medicina" presenciasse um parto, ao que a Corte re-

---

26 Original em inglês: "At the time of the Revolutionary War, the central privacy issue was freedom from government intrusion".

27 Op. cit., p. 6.

conheceu que se tratava do momento mais íntimo e sagrado da demandante, o qual apenas convidados e pessoas realmente necessárias poderiam presenciar.

Solove[28] traz, então, a famosa proposta da privacidade, que ainda hoje é emblemática e citada quase obrigatoriamente pela doutrina: "O desenvolvimento mais profundo do direito à privacidade [*privacy law*] foi a publicação em 1890 do artigo de Warren e Brandeis"[29]. Os mencionados autores propuseram maior proteção à vida privada em detrimento da liberdade de imprensa. Isso, em parte, porque, conforme aponta Cancelier,[30] um deles foi vítima de divulgação não autorizada, pela imprensa, de fatos relacionados ao casamento de sua filha.

Em seu artigo, após tratarem das evoluções de determinados direitos, tais como o direito à vida, que não mais se limitava a estar vivo, mas também a aproveitar a vida, e o direito à propriedade, que compreendia bens imateriais, entre outros, os autores trataram de observar que novas invenções e métodos de negócio demandavam mais um avanço do direito: "Fotografias instantâneas e empresas de jornal invadiram os recintos sagrados da vida privada e doméstica",[31] e, após essas considerações, enfatizam:

> Os supostos fatos de um caso um pouco notório trazido a um tribunal inferior em Nova York alguns

---

28 Op. cit., p. 10.

29 Original em inglês: "*The most profound development in privacy law was the publication in 1890 of Warren and Brandeis's article 'The Right to Privacy'*".

30 Op. cit., p. 217.

31 WARREN, Samuel. D.; BRANDEIS, Louis. D. The Right to Privacy. *Harvard Law Review*, Boston, Massachusetts, EUA, v. 4, n. 5, dez. 1890, pp. 193-220, p. 195. Disponível em: <http://www.jstor.org/stable/pdf/1321160.pdf>. doi:10.2307/1321160. Acesso em 7 fev. 2019. Original em inglês: "*Instantaneous photographs and newspaper enterprise have invaded the sacred precincts of private and domestic life* [...]".

meses atrás [Marion Manola vs Stevens & Myers], diretamente envolveram a consideração do direito de retratos em circulação; e **a questão se nossa lei reconhecerá e protegerá o direito à privacidade neste e em outros aspectos deverá logo ser levada às cortes para consideração.**[32] [Grifo nosso].

A relação entre o processo histórico apresentado anteriormente e as constatações de Warren e Brandeis pode não parecer clara num primeiro momento. Afinal, para começar, aquelas se referem a Paris e Londres, enquanto estas foram feitas nos Estados Unidos, e sequer são da mesma época. Entretanto, uma leitura mais atenta desses cenários permite-nos observar que as mudanças advindas do capitalismo nas metrópoles europeias, especialmente aquelas da Revolução Industrial, materializaram-se justamente na raiz do problema apontado pelos autores estadunidenses. Eles preocupavam-se e justificavam a proteção do direito à privacidade com as novas tecnologias e novos modelos de negócio, notadamente fotografias instantâneas e jornais impressos em larga escala.

Já sobre o século XX, Solove[33] destaca o estudo de Prosser, que teria levantado mais de trezentos casos que compreenderiam a proposta de Warren e Brandeis. Segundo ele, foi possível reconhecer quatro principais violações:

(i) intromissão na privacidade (*intrusion upon seclusion* — de acordo com a *Restatement of Torts*, citada pelo

---

32 Original em inglês: "*The alleged facts of a somewhat notorious case brought before an inferior tribunal in New York a few months ago, directly involved the consideration of the right of circulating portraits ; and the question whether our law will recognize and protect the right to privacy in this and in other respects must soon come before our courts for consideration*".

33 Op. cit., p. 13.

autor, "alguém que intencionalmente se intromete, fisicamente ou não, no isolamento ou na privacidade de outrem ou de suas preocupações e assuntos privados [...]"[34];

(ii) divulgação pública de fatos privados ("alguém que dá publicidade a um assunto que diz respeito à vida privada de outrem"[35]);

(iii) difamação (*false light* ou *publicity* — conceito próximo da divulgação de fatos privados, com a diferença de que se trata de fato inverídico); e

(iv) apropriação ("alguém se apropria, para seu próprio uso ou benefício, do nome ou da imagem de outro"[36]).

Ainda, Solove[37] dá conta de que para além dos temas relacionados à proposta de Warren e Brandeis, outros fatores representaram riscos à privacidade. Entre eles, destacam-se a violação de confidencialidade (no caso *Simonsen v. Swenson*, por exemplo, reconheceu-se que "a relação entre o médico e o paciente é necessariamente altamente confidencial",[38] motivo pelo qual as informações compartilhadas pelo paciente devem ser mantidas em absoluto sigilo pelo profissional), o crescimento de sistemas de

---

34 Original em inglês: "*One who intentionally intrudes, physically or otherwise, upon solitude or seclusion of another or his private affairs or concerns* [...]".

35 Original em inglês: "*One who gives publicity to a matter concerning the private life of another* [...]".

36 Original em inglês: "*One who appropriates to his own use or benefit the name or likeness of another* [...]".

37 Op. cit., p. 16.

38 Original em inglês: "*[t]he relation of physician and patient is necessarily a highly confidential one*[...]".

registros governamentais, o telefone (e respectivas interferências, como os grampos), a vigilância estatal, entre outras.

O autor discorre de forma extensa por casos importantes para a proteção da privacidade nos Estados Unidos, dando conta de sua evolução tanto pela via legislativa quanto pela judiciária, o que não se expõe neste estudo pela necessária objetividade, mas, de todo modo, já é possível verificar com essas informações os caminhos percorridos para que se concretizasse essa garantia no direito estadunidense — abordado aqui pela aparente relevância, haja vista a constante menção a Warren e Brandeis.

No Brasil, hoje o direito à privacidade é protegido pelo artigo 5º, incisos X a XII, da Constituição Federal — com o devido respeito a possíveis divergências acadêmicas, observa-se que o inciso X protege especificamente a privacidade e intimidade, o XI assegura a casa como o "asilo inviolável do indivíduo" (o que nos remete à doutrina anglo-saxã segundo a qual o lar é o castelo do indivíduo, citada neste estudo) e o XII garante o sigilo de correspondência.

É importante notar que para a corrente positivista, representada, entre outros, por Silva,[39] o direito à privacidade é conexo ao direito à vida, por não constar do *caput* do artigo. Vale dizer, o *caput* compreende valores que norteiam os incisos seguintes, que por sua vez abarcam direitos fundamentais como a privacidade:

> Art. 5º Todos são iguais perante a lei, sem distinção de qualquer natureza, garantindo-se aos brasileiros e aos estrangeiros residentes no País a inviolabilidade do direito à vida, à liberdade, à igualdade, à segurança e à propriedade, nos termos seguintes: [...].

---

39 SILVA, José Afonso da. *Curso de Direito Constitucional Positivo*. 34 ed. São Paulo: Malheiros, 2011, p. 206.

O autor também distingue intimidade e privacidade: "Esta é mais abrangente, compreendendo a vida privada do indivíduo como um todo, enquanto aquela, mais específica, versa sobre o sigilo de correspondência, segredo profissional e inviolabilidade do domicílio". Diversos autores traçam a diferenciação entre privacidade e intimidade, por vezes com a mesma perspectiva de Silva, mas também pela intensidade, classificação pela qual a intimidade compreenderia fatos, eventos etc. mais íntimos, que causam mais pudor ao indivíduo. Mais do que direito fundamental, a privacidade consiste em direito da personalidade. Segundo Cupis[40]:

> Todos os direitos, na medida em que destinados a dar conteúdo à personalidade, poderiam chamar-se 'direitos da personalidade'. No entanto, na linguagem jurídica, esta designação é reservada aos direitos subjetivos, cuja função, relativamente à personalidade, é especial, constituindo o *minimum* necessário e imprescindível ao seu conteúdo.
> [...] direitos sem os quais todos os outros direitos subjetivos perderiam sentido para o indivíduo [...].

Nesse rol especial de direitos, essencial à própria condição humana, Cupis inclui a integridade física, liberdade, honra, o resguardo pessoal, segredo e a identidade pessoal. O resguardo "pode ser definido como sendo o modo de ser da pessoa, que consiste na exclusão do conhecimento pelos outros daquilo que se refere somente a ela", enquanto o segredo "constitui um aspecto particular do direito ao resguardo: Certas manifestações da pessoa destinam-se à conservação e [devem ser] completamente inacessíveis ao conhecimento dos outros", ao que o autor

---

40 CUPIS, Adriano de. *Os direitos da personalidade*. Campinas: Romana, 2004, p. 23.

acrescenta correspondência, diário e segredo documental e profissional. Percebe-se que essa distinção entre resguardo e segredo pode ter inspirado parte da doutrina quanto à diferenciação entre privacidade e intimidade, conceitos não definidos de forma expressa pelo constituinte. Por que os direitos da personalidade seriam aqueles essenciais à condição humana? Schreiber[41] contribui para a resposta dessa pergunta:

> Foi nesse contexto histórico da segunda metade do século XIX, marcado por injustiças e revoltas, que surgiram as primeiras construções em torno dos direitos da personalidade. A expressão foi concebida por jusnaturalistas franceses e alemães para designar certos direitos inerentes ao homem, tidos como preexistentes ao seu reconhecimento pelo Estado. Eram, já então, direitos considerados essenciais à condição humana, direitos sem os quais 'todos os outros direitos subjetivos perderiam qualquer interesse para o indivíduo', ao ponto de se chegar a dizer que, se não existissem, a pessoa não seria mais pessoa.

Os direitos da personalidade são aqueles sem os quais o exercício de outros direitos perde o sentido, isto é, são o mínimo necessário a uma vida viável, segundo uma construção doutrinária baseada em valores democráticos e liberais. Para Bittar[42]:

> Constituem direitos cuja ausência torna a personalidade uma suscetibilidade completamente irrealizável, sem valor concreto: todos os outros direitos subjetivos perderiam o interesse para o indivíduo, e a pessoa não existiria

---

41 SCHREIBER, Anderson. *Direitos da personalidade*. 3 ed. São Paulo: Atlas, 2014, p. 5.
42 BITTAR, Carlos Alberto. *Os direitos da personalidade*. 8 ed. rev. aum. mod. por Eduardo C. B. Bittar. São Paulo: Saraiva: 2015, p. 37.

como tal. São, pois, direitos 'essenciais', que formam a medula da personalidade.

Toda a evolução histórica da proteção da privacidade exposta nesta pesquisa mostra sua forte relação com a garantia de outros direitos, como a liberdade, honra, propriedade e até mesmo de direitos humanos processuais, como a prova. Mais que isso, conforme esta pesquisa tentará demonstrar, a privacidade tem importância que transcende a individualidade, pelo que as consequências práticas da sua proteção, a partir dessa perspectiva, podem ter mais recursos, especialmente em relação à proteção de dados pessoais.

1.3 Proteção de dados pessoais

Um dos aspectos da privacidade consiste na proteção das informações do indivíduo, os dados pessoais. Segundo a definição do artigo 5º, inciso I, da Lei 13.709/2018 (Lei Geral de Proteção de Dados Pessoais — LGPD),[43] dado pessoal é "informação relacionada a pessoa natural identificada ou identificável". Além disso, o artigo 12, §2º, determina que "Poderão ser igualmente considerados como dados pessoais, para os fins desta Lei, aqueles utilizados para formação do perfil comportamental de determinada pessoa natural, se identificada". Essa definição segue o padrão do artigo 4º, inciso 1, do Regulamento Geral de Proteção de Dados da União Europeia (Regulamento EU 2016/679 do Parlamento Europeu e do Conselho de 27 de abril de 2016),[44] segundo o qual dado pessoal é:

---

43 BRASIL. Lei 13.709/2018. *Lei Geral de Proteção de Dados*. Brasília, 14 ago. 2018.
44 UNIÃO EUROPEIA. Regulamento EU 2016/679. *Regulamento Geral sobre a Proteção de Dados*. Bruxelas, Bélgica, 27 abr. 2016.

informação relativa a uma pessoa singular [natural] identificada ou identificável («titular dos dados»); é considerada identificável uma pessoa singular que possa ser identificada, direta ou indiretamente, em especial por referência a um identificador, como por exemplo um nome, um número de identificação, dados de localização, identificadores por via eletrónica ou a um ou mais elementos específicos da identidade física, fisiológica, genética, mental, económica, cultural ou social dessa pessoa singular.

De acordo com a Autoridade para Proteção de Dados Pessoais da Itália (*Garante per la Protezione dei Dati Particolari*), "dados pessoais são informações que identificam ou tornam identificável, direta ou indiretamente, uma pessoa física, e que podem fornecer informações sobre suas características, seus hábitos [...]"[45].

Resta evidente, portanto, que a construção jurídica da proteção de dados pessoais assentou um conceito abrangente, que compreende não apenas informações prontas e estanques, mas também aquelas relacionadas a uma pessoa identificável. Nesse sentido, os padrões de navegação online do internauta, a geolocalização a partir do smartphone, entre outras informações, equiparam-se a dados pessoais. Então, por que proteger essas informações? Para responder a essa pergunta é preciso compreender brevemente o histórico que leva à proteção dos dados pessoais, bem como a recente retomada dessa pauta em todo o mundo, especialmente no Brasil e na Europa.

---

45 GPDP. *Cosa intendiamo per dati particolari?*. Roma, Itália, [S. d.]. Disponível em: <https://www.garanteprivacy.it/home/diritti/cosa-intendiamo-per-dati-personali>. Original em italiano: "*Sono dati personali le informazioni che identificano o rendono identificabile, direttamente o indirettamente, una persona fisica e che possono fornire informazioni sulle sue caratteristiche, le sue abitudini [...].*"

Conforme observado neste estudo, as primeiras violações da privacidade a partir de informações pessoais provavelmente ocorreram com censos estatais. Nos Estados Unidos, por exemplo, foram uma das principais ameaças à privacidade no século XIX, porque as informações eram levadas a público, pelo que chegaram a provocar a edição de leis mais estritas de proteção da confidencialidade de dados desses levantamentos[46]. "Por exemplo, em 1919, o Congresso tornou crime a publicação ilegal de informações de Censos."[47] Também há registros de uso de dados pessoais na Alemanha Nazista. Luebke e Milton[48] sustentam que:

> Em junho de 1933, o regime reuniu cerca de 500.000 pesquisadores, consistindo principalmente em professores, veteranos de guerra, pessoas desempregadas, *storm troopers* e membros da SS. Esses recenseadores usavam um questionário que foi modelado em 1925, com uma diferença importante: o formulário de 1933 direcionava novas questões às mulheres casadas sobre data de casamento e número de filhos. Esses dados foram especificamente destinados a guiar políticas de 'eugenia positiva' desenvolvidas para promover a fecundidade de 'racialmente superiores', mulheres 'arianas'. Isso foi, com certeza, um objetivo relativamente modesto, especialmente à luz do que estava por vir. Mas o genocídio nazista emergiu em parte do complemento de 'eugenias positivas' – isto é, políticas de 'eugenia ne-

---

46 SOLOVE, Daniel. Op. cit., 2016, p. 6.

47 Original em inglês: *"For example, in 1919, Congress made it a felony to publicize census information illegally."*

48 LUEBKE, David Martin; MILTON, Sybil. Locating the victim: an overview of census-taking, tabulation technology and persecution in Nazi Germany. *IEEE Annals of the History of Computing*, v. 16, n. 3, 1994, pp. 25-39, p. 26. Disponível em: <https://ieeexplore.ieee.org/document/298418>.

gativa' desenvolvidas para destruir raças ou elementos genéticos 'indesejados' na população alemã.[49]

O uso negativo de dados pessoais não foi exclusividade do Nazismo, embora esse exemplo seja provavelmente o mais emblemático. Seltzer e Anderson[50] tratam do que eles chamam de "sistemas de dados populacionais", conceito que para eles compreende, entre outras informações, os censos. Eles denunciam que esses sistemas de informações servem a violações de direitos humanos, que incluem migração forçada, prisão indevida, genocídio e crimes contra a humanidade. Em seu artigo, apontam alguns casos notórios:

I) *Holocausto*: além do estudo de Luebke e Milton, citado anteriormente, Seltzer e Anderson apontam que:

> Em 1938, H. W. Methorst, que era então o diretor-geral do Gabinete Central de Estatística Holandês e formalmente também chefe do escritório holandês de registro populacional, reportou o rápido progresso que vinha sendo feito na Holanda na implementação de um novo sistema compreensivo de registro populacional que se-

---

[49] Original em inglês: "*In June 1933, the regime mustered some 500,000 pollsters, consisting mainly of teachers, war veterans, unemployed persons, storm troopers and members of the SS. These census-takers used a questionnaire that was modeled on the 1925 precedent, with an important difference: The 1933 form directed new questions at married women about their date of marriage and the number of children they had borne. These data were specifically intended to guide "positive eugenic" policies designed to promote the fecundity of "racially superior," "Aryan" women. This was, to be sure, a relatively modest objective, especially in light of what was to come. But Nazi genocide emerged in part from the complement of "positive eugenics" - that is, "negative eugenic" policies designed to destroy "unwanted" racial or genetic elements in the German population."*

[50] SELTZER, William; ANDERSON, Margo. The dark side of numbers: the role of population data systems in human right abuses. *Social Research*, v. 68, n. 2, 2001, p. 483. Disponível em: <https://www.jstor.org/stable/40971467?seq=1#page_scan_tab_contents>.

> guiria cada pessoa 'do berço ao túmulo' e abriria 'amplas perspectivas para a simplificação da administração municipal e ao mesmo tempo pesquisa social' (1938: 713-714). No início de 1941 o sucessor de Methorst enquanto chefe do escritório geral de registro populacional, J. L. Lentz, havia rapidamente adaptado este sistema geral 'do berço ao túmulo' para criar sistemas gerais de registro cobrindo as populações judia e cigana da Holanda. Esses sistemas de registro e os cartões de identificação relacionados tiveram um importante papel na apreensão de judeus e ciganos holandeses para sua eventual deportação aos campos de concentração.[51]

Portanto, se os agentes a serviço do nazismo produziram dados por meio de censos populacionais, eles também puderam aproveitar informações preexistentes e catalogadas, desviando sua finalidade ao projeto eugênico de Hitler.

II) *Expulsão de nativos americanos*: outro exemplo vem dos Estados Unidos e mostra que as constatações de Solove parecem coadunar os principais fatos históricos relativos a essas questões na América. No século XIX, os nativos do território norte-americano também foram vítimas de ações que contaram com o aperfeiçoamento por meio do uso de dados levantados em censos.

---

51 Op. cit., p. 486. Original em inglês: "*In 1938 H. W. Methorst, who was then the director-general of the Dutch Central Bureau of Statistics and formerly also head of the Dutch office of population registration, reported on the rapid progress being made in the Netherlands in implementing a new comprehensive system of population registration that would follow each person 'from cradle to grave' and open 'wide perspectives for simplification of municipal administration and at the same time social research' (1938: 713-714). By early 1941 Methorst's successor as head of the population registration office, J. L. Lentz, had quickly adapted this general "cradle to grave" system to create special registration systems covering the Jewish and Gypsy populations of the Netherlands. These registration systems and the related identity cards played an important role in the apprehension of Dutch Jews and Gypsies prior to their eventual deportation to the death camps.*"

> Os mais relevantes para as preocupações deste artigo [uso de dados pessoais para a violação de direitos humanos] são três censos realizados por agentes especiais trabalhando sob os auspícios do Departamento de Guerra dos Estados Unidos em conexão com a expulsão forçada de populações de nativos americanos de suas terras a leste do Rio Mississippi nos termos do *Indian Removal Act* de 1830. Esses três censos foram: o de 1835 sobre os Cherokee do leste (Foreman, 1953 [1934]: 250), o Choktal de 1830 (47-48) e o Creek de 1833 (111).[52]

Nesse exemplo, percebe-se que o próprio levantamento das informações já visava à remoção dos nativos do território e à consolidação do poder dos colonos.

III) *Prisão indevida de civis durante a Segunda Guerra*: outra conduta do governo estadunidense, já no século XX, consistiu em uma retaliação ao famoso ataque a Pearl Harbor — que, aliás, ensejou condutas piores, como é de conhecimento geral da História, mesmo após a rendição do Japão.

> O Departamento de Censos tabelou, publicou e divulgou amplamente uma série de lançamentos especiais, o primeiro dos quais foi lançado dois dias após o ataque japonês a Pearl Harbor, que forneceu dados abrangentes sobre pessoas de ascendência japonesa baseadas no item da raça. no censo de 1940. O Departamento de Censos também deu assistência direta às autoridades militares na Costa Oeste [...].[53]

---

52 Idem, p. 490. Original em inglês: "*Most relevant for the concerns of this paper are three nontreaty censuses carried out by special agents working under the auspices of the United States War Department in connection with the forced expulsion of Native American populations from their lands east of the Mississippi River pursuant to the Indian Removal Act of 1830.*"

53 Idem, p. 492. Original em inglês: "*The Census Bureau tabulated, published, and widely disseminated a series of special releases, the first of which was released two days*

IV) *Migração forçada na União Soviética*: outra prova do valor dos dados e seu potencial vem do exemplo soviético. Segundo os mencionados autores, "microdados de censos foram usados para atingir grupos populacionais de minorias para migração forçada e outras violações de direitos humanos".[54]

V) *Administração colonial em Ruanda*: os autores ainda dão conta de que a iniciativa colonial belga em Ruanda, durante o século XX, cuidou de realizar o registro da população, categorizando-a entre as etnias tutsi e hutu, a fim de assistir uma política pró tutsi, baseada em critérios raciais "pseudocientíficos". Os sistemas de registro se mantiveram mesmo após o apoio belga aos hutus e, ainda, da independência de Ruanda, em 1962. O mesmo sistema de registro funcionava durante o genocídio em abril de 1994 — já posteriormente às iniciativas de proteção de dados.

Há, portanto, uma enormidade de eventos desastrosos envolvendo o uso de dados pessoais na história recente. E o direito encarregou-se de tutelar sua proteção em razão disso. Nos Estados Unidos, como visto retro, a *common law* valeu-se de casos emblemáticos para ensejar cada vez mais proteção à privacidade do indivíduo, sobretudo contra as intervenções do Estado e, a partir da proposta de Warren e Brandeis e das decisões que a levaram em conta em seguida, em face dos particulares, subsistindo em verdadeira garantia *erga omnes*.

Ao mesmo tempo, esses eventos denotam a estreita relação entre a necessidade de proteção de dados pessoais e a construção jusnaturalista europeia dos direitos da personalidade. Vale dizer, as normas atuais de proteção de dados, ao menos na Europa, es-

---

after the Japanese attack on Pearl Harbor, which provided extensive data on people of Japanese ancestry based on the race item in the 1940 Census. The Census Bureau also gave direct assistance to the military authorities on the West Coast [...]".

54 Original em inglês: *"census microdata were used to target minority population groups for forced migration and other human rights violations."*

tão relacionadas a esses direitos especiais. É esse o entendimento de Tomé,[55] segundo a qual:

> O panorama legislativo atual em matéria de proteção de dados e da vida privada frente ao uso da informática é o resultado final dos esforços que, desde os inícios da Comunidade Europeia, os diversos organismos e instituições vêm realizando para fortalecer a proteção dos direitos da pessoa [direitos da personalidade].

Ora, não se ignoram as "maravilhas" que o processamento de dados pode trazer. Essa vem sendo uma forte bandeira no mercado. Contudo, os censos do século XIX também representaram um enorme avanço à administração pública e nem por isso deixaram de ser subvertidos a interesses escusos, antidemocráticos e totalitários. Daí a importância da proteção dos dados pessoais à luz dos direitos da personalidade, independentemente da vontade de seu titular de cedê-los — mesmo que uma pessoa tenha pleno conhecimento do potencial ofensivo disso, é sustentável que ela possa ceder todas as suas informações a todo e qualquer agente, independentemente de sua finalidade? Pela legislação atual, sim[56]. Pela História, isso parece ter o potencial de desastre, principalmente se houver o enfraquecimento de instituições de controle, como o Judiciário, por exemplo.

O reaquecimento intenso desse debate ganhou força em grande parte pelos eventos de influência relacionados à internet e às redes sociais. Se os Estados tinham que realizar censos para levantar dados pessoais, hoje a população os fabrica em massa e disponibiliza automaticamente em troca da sensação de perten-

---

55 TOMÉ, Herminia Campuzano. *Vida privada y datos personales*: su protección jurídica frente a la Sociedad de la Información. Madrid: Tecnos, 2000, p. 72, tradução nossa.
56 Vide capítulo 3.

cimento e elevação ou manutenção de autoestima por meio de curtidas, *likes*, compartilhamentos, corações, seguidores etc. A alienação à cultura da superexposição é massiva[57] e chega mesmo a ser pré-requisito ao pertencimento[58].

Entretanto, essa captação não cessa aí: o mero acesso à internet já torna imprescindível a cessão de dados pessoais e vêm daí, portanto, princípios como adequação e finalidade do uso de dados pessoais, presentes tanto no RGPD quanto na LGPD, para que haja somente a destinação necessária. Por outro lado, nenhuma norma, por si só, é suficiente a evitar determinada conduta — a tipificação do crime de homicídio não impede assassinatos, por exemplo. Nesse sentido, Prestipino[59] vislumbra dois principais riscos relativos ao tratamento de dados:

> O primeiro compreende aqueles típicos da segurança informática atinente à violação dos requisitos de confidencialidade, integridade, autenticidade, disponibilidade, aos quais correspondem as respectivas contramedidas presentes na segurança lógica/aplicativa,

---

[57] O advento das redes sociais aguçou as possibilidades de compartilhamento de informações. A própria noção de intimidade vem mudando em razão disso. Um exemplo que ilustra esse raciocínio é a hashtag *#aftersex* (pós-sexo, em inglês), em que internautas compartilhavam *selfies* (autorretratos) depois de fazerem sexo — e não é a nudez o que denota o fenômeno, pois ela não estava presente na maior parte dessas imagens e, por outro lado, pode ser explorada inclusive artisticamente; é o esforço para dizer que o casal ou grupo acabara de manter uma relação sexual. Se se reduz a intimidade, o que pode ficar à vista também é mais compartilhado: refeições, lugares, trabalho, casa, tudo fica escancarado nas redes. E o problema não está na exposição em si, mas na quantidade massiva que agentes de tratamento obtêm e o que podem fazer com ela.

[58] Conforme se abordará no capítulo 2.1.1.

[59] PRESTIPINO, Daniela. *Nuovi scenari di rischio e misure user-centric per la protezione dei dati particolari*. Tese (doutorado em Direito). Universidade de Bolonha, Itália, 2017, p. 110. Disponível em: <http://amsdottorato.unibo.it/8248/1/Prestipino_Daniela_Tesi.pdf>.

> sistemática (protocolos de segurança, infraestrutura de criptografia, antivírus [...]).
> [...]
> No segundo tipo estão os riscos e violações próprios da privacidade configurados pela associação intrínseca de rastreabilidade (direta ou indireta) de informações com o sujeito interessado e, como tais, causam forte impacto para a pessoa [...].[60]

É necessário observar os riscos relacionados à proteção de dados porque é bastante evidente a importância dessa garantia. Se por um lado houve o esforço, tanto nos Estados Unidos, quanto na União Europeia (de quem tivemos maior inspiração para nossa legislação), por outro as novas situações provenientes da popularização da internet e das redes sociais vêm viabilizando novas formas de captação de dados pessoais, ao mesmo tempo em que se aperfeiçoam as técnicas de seu processamento, conforme o próximo capítulo tentará demonstrar. A compreensão do impacto dessa nova realidade demanda, entre outros fatores, atenção às características da Sociedade da Informação e da internet, bem como de quem são os atores e quais os seus respectivos interesses nesse novo arranjo social.

---

60 Original em italiano: "*la prima comprende quelle tipiche della sicurezza informatica attinenti quindi violazione dei requisiti di confidenzialità, integrità, autenticità, disponibilità ai quali corrispondono le relative contromisure rientranti nella sicurezza logico/applicativa/sistemistica (protocolli sicuri, infrastrutture di crittografia [...]) [...]. [/] nella seconda tipologia rientrano rischi e violazioni proprie della privacy configurabili sulla intrinseca associazione di riconducibilità (diretta o indiretta) delle informazioni con il soggetto interessato.*"

2 Sociedade da Informação

Este capítulo abordará a conceituação de Sociedade da Informação e suas implicações, a fim de levantar parâmetros preliminares indissociáveis à compreensão da importância dos dados pessoais e de seu tratamento, tendo em vista, sobretudo, que os avanços técnicos passam inevitavelmente por interesses externos a eles. A compreensão acerca da construção histórica dessa nova sociedade leva inevitavelmente a uma análise crítica dos pressupostos da proteção de diversos direitos, notadamente da privacidade e da proteção de dados pessoais. Se o próprio direito à privacidade surge de transformações políticas significativas, o mesmo ocorre com o tratamento e a proteção de dados.

O conceito de Sociedade da Informação empregado neste estudo compreende as mudanças paradigmáticas decorrentes da revolução da tecnologia da informação do século XX, de modo que não há objeções, aqui, às especificidades de diferentes termos utilizados pela academia, como sociedade em rede, por exemplo. Assim, *Sociedade da Informação* não equivale a *ciberespaço* ou *internet*, do mesmo modo que *direito da Sociedade da Informação* não consiste em *direito digital*.

Nesse sentido, esta pesquisa leva em conta, principalmente, as transformações tecnológicas e sociais da segunda metade do século passado: depois do surgimento dos computadores e dos sistemas que os interligaram, chegou-se à internet, ao *personal computer* etc. Portanto, o que importa a este estudo não é a tecnologia em si, mas os novos padrões comunicacionais e informacionais que advieram de seu recente aperfeiçoamento. É importante ter isso em conta, pelo que apontam autores como Webster[61]:

> O que impressiona alguém ao ler a literatura sobre a sociedade da informação é que muitos escritores operam com definições não desenvolvidas de seu assunto. Parece tão óbvio para eles que vivemos em uma sociedade da informação, que alegremente presumem que não é necessário esclarecer precisamente o que eles querem dizer com o conceito.[62]

Por esse motivo, este capítulo visa a esclarecer o conceito de Sociedade da Informação tratado na pesquisa, cuja relevância tem especial aderência em relação à influência da revolução tecnológica informacional sobre a privacidade, a relação desta com o tratamento de dados pessoais e a respectiva relação com a privacidade do indivíduo.

Webster afirma ser possível distinguir cinco definições de Sociedade da Informação, cada qual com seus próprios critérios para identificar as novidades: tecnológica, econômica, ocupacional, espacial e cultural. Entretanto, a esta pesquisa parece mais pertinente um conceito único, que compreenda esses elementos não como tipos diferentes de Sociedade da Informação, mas sim enquanto qualidades desta. Nesse sentido, Lisboa[63] aponta que:

---

61 WEBSTER, Frank. *Theories of the information society*. 3 ed. Nova York: Routledge, 2006, p. 8.

62 Original em inglês: "*What strikes one in reading the literature on the information society is that so many writers operate with undeveloped definitions of their subject. It seems so obvious to them that we live in an information society that they blithely presume it is not necessary to clarify precisely what they mean by the concept*".

63 LISBOA, Roberto Senise. Direito na sociedade da informação. *Revista dos Tribunais*, v. 95, n. 847, p. 78-95, mai. 2006, p. 10. Disponível em http://bdjur.stj.jus.br/dspace/handle/2011/88264. Acesso em 07 mai. 2019.

> 'Sociedade da informação', também denominada de 'sociedade do conhecimento', é expressão utilizada para identificar o período histórico a partir da preponderância da informação sobre os meios de produção e a distribuição dos bens na sociedade que se estabeleceu a partir da vulgarização das programações de dados utiliza dos meios de comunicação existentes e dos dados obtidos sobre uma pessoa e/ou objeto, para a realização de atos e negócios jurídicos.

No mesmo sentido é a observação de Martini[64]:

> A sociedade da informação e do conhecimento é sem dúvida um capítulo a mais no processo de industrialização que começa na Europa ocidental e se planetariza ao longo do século XX. As transformações geradas pela indústria e a técnica já apontavam decisivamente para ruptura da vida tradicional.

Esse novo momento histórico, em que a informação passou a preponderar sobre outros recursos e ativos na sociedade, trouxe significativas mudanças àquilo que Webster observou: mudaram a tecnologia, economia, as ocupações, o espaço e a cultura, mas nem por isso parece mais adequado sustentar diversas *sociedades da informação*. Isso porque, conforme afirma Castells,[65] a revolução da tecnologia da informação é "um evento histórico da mesma importância da Revolução Industrial do século XVIII, induzindo um padrão de descontinuidade das bases materiais da economia, sociedade e cultura".

---

64 MARTINI, Renato. *Sociedade da informação*: para onde vamos [livro eletrônico]. São Paulo: Trevisan, 2017, p. 26. 750 Mb; ePUB, p. 26.

65 CASTELLS, Manuel. *A sociedade em rede*. 17 ed. São Paulo: Paz e Terra, 2016, p. 188.

Em outras palavras, da mesma forma que os novos meios de produção provenientes da Revolução Industrial (máquinas a vapor, num primeiro momento, e energia elétrica, depois) lançaram a sociedade a um novo patamar em diversos setores, o mesmo vem ocorrendo com a Revolução Informacional, pois a tecnologia permeia as mais importantes atividades desempenhadas pelo ser humano. Sintetizando o conceito, pode-se afirmar que:

> A virada do século trouxe consigo um novo paradigma social, o da Sociedade da Informação, cujo conceito surgiu já na década de 1960, mas passou a ser empregado com mais frequência aos novos meios tecnológicos que propiciam possibilidades comunicacionais muito superiores às do século XX, graças à massificação da internet e à globalização.[66]

Delineadas essas considerações, não se pode deixar de mencionar, entretanto, que não se trata de um conceito unânime na academia. Sobre esse ponto, Lisboa[67] afirma:

> Os críticos da utilização da expressão 'sociedade da informação' fundamentalmente entendem que a sociedade toda, a rigor, ainda não se beneficia do uso de computadores, por mais rápida que tenha sido a divulgação e aquisição dessa máquina, em todo o mundo.

---

66 BARRETO JUNIOR, Irineu Francisco; SAMPAIO, Vinícius Garcia Ribeiro; GALLINARO, Fabio. Marco Civil da Internet e o direito à privacidade na sociedade da informação. *Direito, Estado e Sociedade*, Rio de Janeiro, n. 52, jan/jun. 2018, pp 114-133, p. 115. Disponível em: <http://direitoestadosociedade.jur.puc-rio.br/cgi/cgilua.exe/sys/start.htm?infoid=370&sid=35>.

67 LISBOA, Roberto Senise. Proteção do consumidor na sociedade da informação. *Revista de Direito Privado da UEL*, v. 2, n. 1, jan./abr., 2009, p. 11. Disponível em: <http://www.uel.br/revistas/direitoprivado/artigos/Roberto_Senise_Lisboa_Prote%C3%A7%C3%A3o_Consumidor_Sociedade_Informa%C3%A7%C3%A3o.pdf>. Acesso em 07 mai. 2019.

O autor refuta essa crítica, exemplificando que "a expressão 'revolução industrial' jamais pretendeu ter o alcance de indicar que a indústria e seus bens estariam acessíveis a todas as pessoas, indistintamente". De fato, Castells[68] antecipou-se a esse argumento ao definir um conceito de *revolução das tecnologias da informação*, de mudança a um novo modelo organizacional:

> no final do século XX vivemos um desses raros intervalos na história. Um intervalo cuja característica é a transformação da nossa 'cultura material' pelos mecanismos de um novo paradigma tecnológico que se organiza em torno da tecnologia da informação.

Nesse sentido, verifica-se uma clara distinção entre a crítica refutada por Lisboa e a constatação de Castells: o fato de a tecnologia não chegar a todos não afasta seu sentido de *revolução*. Dizer o oposto seria ignorar os conceitos da antropologia segundo os quais os grupos sociais não se desenvolvem de forma linear, mas cada qual a seu tempo, de acordo com sua cultura e suas necessidades de adaptação, sociabilidade etc., para além dos obstáculos naturais de acesso à tecnologia, que se estendem ao saneamento básico, à saúde, alimentação, entre outros elementos essenciais à vida.

O argumento de Lisboa é convincente: "Por uma questão de método, fica a indagação: a expressão 'sociedade industrial' não é utilizada mesmo para as relações que nada tem a ver com a apropriação de bens industriais? Na realidade, é"[69]. Aliás, a discussão não é tão recente quanto pode parecer num primeiro momento, conforme se observa em Aron,[70] que questionava "Como se

---

68 Op. cit, p. 87.
69 Op. cit., p. 13.
70 ARON, Raymond. *A era da tecnologia*. Rio de Janeiro: Cadernos Brasileiros, 1965, p. 17.

descreverá o tipo de sociedade a que o desenvolvimento conduz e que daqui em diante denominaremos moderna, industrial ou científica?". Portanto, em síntese, conceitos como *Sociedade da Informação* denotam mudanças de aspectos tecnológicos, econômicos, organizacionais etc., que não necessariamente encerram as características preexistentes, anteriores a elas.

Nesse sentido, um dos precursores do reconhecimento desse novo paradigma foi Masuda,[71] segundo o qual a Sociedade da Informação viria a se basear em duas premissas: (i) "a produção de valores informacionais e imateriais será a força motriz por trás da formação e do desenvolvimento da sociedade"[72] e (ii) "o padrão de desenvolvimento da sociedade industrial é o modelo social do qual podemos predizer a composição geral da sociedade da informação"[73]. O autor explica que "diferentemente do termo vago 'sociedade pós-industrial', o termo 'sociedade da informação' como utilizado aqui descreve em termos concretos as características e estruturas dessa sociedade futura".

Cabe anotar a necessária diferenciação entre os termos *sociedade pós-industrial* e *Sociedade da Informação*: aquele, num primeiro momento, foi empregado com a intenção de "vincular a ideia de uma sociedade pós-industrial ao ideal do reencontro com a diversidade cultural ameaçada pela centralização e pela uniformização praticadas por um 'sistema unitário mecânico'[...]",[74] e,

---

71   MASUDA, Yoneji. *The information society: as post-industrial society*. World Future Society: Bethesda, MD, EUA, 1981, p. 29, tradução nossa.

72   Original em inglês: "*the production of information values and not material values will be the driving force behind the formation and development of society*".

73   Original em inglês: "*The developmental pattern of industrial society is the societal model from which we can predict the overall composition of the information society*".

74   MATTELART, Armand. *História da sociedade da informação*. 2 ed. São Paulo: Edições Loyola, 2006, p. 49.

num segundo momento, para evidenciar sua distância das sociedades de industrialização antecedentes[75].

Já *Sociedade da Informação*, entretanto, é conceito mais específico, conforme este capítulo propõe analisar. Mattelart[76] expõe diversas denominações e destaca especialmente a diferença entre as abordagens de Alain Touraine e Daniel Bell: "No sociólogo francês [Touraine], a análise das mutações do 'jogo social' e das interações de seus atores desloca a das revoluções tecnológicas e científicas que Bell considerava como a fonte da sociedade pós-industrial".

Masuda parece, em boa parte, ter previsto o futuro: para ele, por exemplo, os principais problemas da sociedade industrial seriam desemprego, guerra e fascismo, enquanto os da Sociedade da Informação viriam a ser choque futuro, terror e invasão da privacidade[77]. A permanência daqueles problemas talvez seja mais um indicativo de que o advento da Sociedade da Informação não encerra a sociedade industrial.

A Sociedade da Informação não se esgota enquanto fenômeno de um rearranjo social espontâneo, mas consiste também em um projeto político global, capitaneado pela Cúpula Mundial da Sociedade da Informação (*World Summit on the Information Society*), que editou quatro documentos de referência aos países-membros: (i) declaração de princípios e (ii) plano de ação de Genebra e (iii) compromissos e (iv) agenda de Túnis.

Não é necessário esmiuçar esses documentos para compreender sua parte fundamental, presente nas primeiras linhas da Declaração de Princípios de Genebra:

---

75   Idem, p. 91.
76   Idem.
77   Op. cit., p. 30.

> Nós, os representantes dos povos do mundo, reunidos em Genebra de 10 a 12 de dezembro de 2003, para a primeira fase da Cúpula Mundial sobre a Sociedade da Informação, declaramos nosso desejo e compromisso comuns de construir uma Sociedade da Informação voltada para as pessoas, inclusiva e orientada para o desenvolvimento, em que todos possam criar, acessar, utilizar e compartilhar informação e conhecimento, permitindo indivíduos, comunidades e povos empregar todo o seu potencial na promoção do desenvolvimento sustentável e da melhor qualidade de vida, com base nos propósitos e princípios da Carta das Nações Unidas, respeitando plenamente e defendendo a Declaração Universal dos Direitos Humanos.[78]

Sobre o Brasil, é relevante a leitura do Livro Verde da Sociedade da Informação, obra do Ministério da Ciência e Tecnologia organizada por Takahashi,[79] que afirma: "[a Sociedade da Informação] Representa uma profunda mudança na organização da sociedade e da economia, havendo quem a considere um novo paradigma técnico-econômico".

Em que pesem as exposições teóricas do livro, suas páginas são mais permeadas pelas questões técnicas e de infraestrutura, que denotam o objetivo de demonstrar os desafios às adequações do País a esse novo modelo de sociedade. Não (ou pouco) se percebe de crítica ou questionamento às causas e consequências de

---

[78] INTERNATIONAL TELECOMMUNICATION UNION. Documentos da Cúpula Mundial sobre a Sociedade da Informação: Genebra 2003 e Túnis 2005. Trad. Marcelo Amorim Guimarães. São Paulo: Comitê Gestor da Internet no Brasil, 2014, p. 16. Disponível em: <https://www.cgi.br/media/docs/publicacoes/1/CadernosCGIbr_DocumentosCMSI.pdf>. Acesso em 30 mar. 2020.

[79] TAKAHASHI, Tadao (org.). *Sociedade da informação no Brasil*: livro verde. Brasília: Ministério da Ciência e Tecnologia, 2000.

tudo isso, como se os avanços tecnológicos fossem independentes de ideologias, interesses etc.

Nesse passo, há uma necessária compreensão anterior àquilo que pretendeu o Livro Verde da Sociedade da Informação, consistente nas características desse novo tipo de sociedade, cuja análise crítica não era o escopo da obra. Para este particular, por outro lado, Barreto Junior[80] esclarece que esse processo de transformação decorre de três fenômenos, quais sejam:

> a) **convergência da base tecnológica** – possibilidade de poder representar e processar qualquer informação de uma única forma, a digital. Essa convergência teve profundas implicações no processo de mundialização da economia, das telecomunicações e dos processos sociais, pois, sem uma padronização tecnológica mínima, este novo paradigma de sociedade seria inimaginável; b) **dinâmica da indústria** – proporcionou contínua queda nos preços dos computadores, insumos tecnológicos, softwares, componentes de redes, permitindo maior acessibilidade à integração na rede; c) **crescimento e expansão da internet**: aumento exponencial da população mundial com acesso à rede e evolução da conectividade internacional.

Depreende-se, portanto, que a tecnologia é um pressuposto da mudança, mas não a mudança em si. Deste modo, este estudo revela mais um fator importante à diferenciação entre *Sociedade da Informação* e *internet, ciberespaço, meio ambiente digital*, entre outras denominações doutrinárias, porque, conforme observa Castells:

---

80 BARRETO JUNIOR, Irineu Francisco. Atualidade do conceito de sociedade da informação para a pesquisa jurídica. In: PAESANI, Liliana Minardi (coord.). *Direito na sociedade da informação*: estudos. São Paulo: Atlas, 2007, p. 62, grifos nossos.

> O que caracteriza a atual revolução tecnológica não é a centralidade de conhecimentos e informação, mas a aplicação desses conhecimentos e dessa informação para a geração de conhecimentos e de dispositivos de processamento/comunicação da informação, em um ciclo de realimentação cumulativo entre a inovação e seu uso.[81]

Em outras palavras, além de um novo recurso, como foi a energia elétrica a partir da Revolução Industrial, a informação é meio e fim: utiliza-se informação, por meio de processos informacionais, para gerar mais informação. Mais que isso, esses avanços não são herméticos e independentes da política, como algumas abordagens fazem parecer. Sua natureza de ciências exatas não os torna desinteressados, conforme se depreende da leitura dos autores acima. Nunca houve um divórcio entre técnica e política. Nesse sentido, Santos[82] aponta que:

> Há uma tendência a separar uma coisa da outra. Daí muitas interpretações da história a partir das técnicas. E, por outro lado, interpretações da história a partir da política. Na realidade, nunca houve na história humana uma separação entre as duas coisas. As técnicas são oferecidas como um sistema e realizadas combinadamente através do trabalho e das formas de escolha dos momentos e dos lugares de seu uso. É isso que fez a história.

Quanto à Sociedade da Informação, essa noção é bastante clara. Loveluck[83] sustenta que "à sociedade da informação corres-

---

81 CASTELLS, op. cit., p. 88.
82 SANTOS, Milton. *Por uma outra globalização*: do pensamento único à consciência universal. São Paulo: Record, 2012, p. 11.
83 LOVELUCK, Benjamin. *Redes, liberdades e controle*: uma genealogia política da internet. Petrópolis, RJ: Vozes, 2018, p. 111.

ponderia, assim, uma 'economia do conhecimento' ou 'economia do saber', que seria a sequência do 'capitalismo imaterial'".

Entre os possíveis questionamentos que um pesquisador pode se fazer ao se deparar com esses temas, estão "o que é informação?" e "por que ela é tão importante?". Para responder ao primeiro, precisamos ter em conta que *informação* para o conceito de *Sociedade da Informação* é um termo complexo e compreensivo. Mattelart[84] explica que "Quanto à noção de 'informação', ela logo se transformará em caixa preta, palavra-mestra, verdadeiro 'Proteu da semântica' saído da 'caixa de Pandora dos conceitos imprecisos'". Após levantar iniciativas sobre o uso da informação, o autor[85] diz que, num primeiro momento, elas não compreendiam necessariamente a qualidade da informação, mas que "Totalmente diferente será o contexto da década seguinte [1970[86]]. A questão da informação torna-se parte interessada no debate sobre a 'era da informação' e o surgimento da 'sociedade da informação'". Nesse sentido, em referência a Porat, ele sustenta que:

> Porat centra sua atenção nos sistemas de informação (computadores e telecomunicações). Disso resulta uma definição da informação centrada na mais pura tradição do estoque numérico: 'quantidades de dados (*data*) que foram organizados e comunicados'. Ao final de seu inventário da contabilidade nacional, ele chega a uma classificação dos 'agentes informacionais' em seis setores: indústrias vendedoras de bens ou serviços de informação,

---

84 Op. cit, p. 64.
85 Idem, p. 65.
86 O autor referencia o estudo de Fritz Machlup, economista estadunidense que em 1962 realizou "a primeira tentativa de quantificação das atividades de produção e de distribuição da informação".

burocracia pública, burocracia privada, setor produtivo público, atividades produtivas privadas, residências. Disso resulta o seguinte balanço: já em 1967, a informação representava 46% do produto interno bruto dos Estados Unidos e 53% da massa salarial.[87]

É certo que já havia o uso da informação em outros momentos na História. A questão é a mudança nessa atividade e sua respectiva intensificação. Sobre este particular, Martini[88] diz:

> O que distingue a sociedade industrial, marcada pela máquina e a automação, da sociedade da informação é a radicalização do uso intensivo das tecnologias da informação e a montagem de um framework, que é a infraestrutura da informação – ambos calcam e viabilizam tal advento.

Assim, pode-se dizer que a *informação* consiste em dados economicamente apreciáveis, que podem servir como recurso ou produto, podendo melhorar o desempenho de determinado agente de acordo com seu tratamento ou fornecimento a outrem, de modo que não se limita a uma informação fechada, completa. Sua importância, portanto, está mais associada ao seu uso e à sua finalidade que própria e necessariamente ao seu titular — conforme esta pesquisa demonstrará adiante, o titular dos dados pessoais não é o único afetado pelo seu tratamento.

Com a massificação da *world wide web*, o surgimento de motores de busca online, o comércio eletrônico, novos modelos de negócio e as redes sociais, o *boom* informacional alcançou um novo patamar. Um tipo específico de informação passou a ser

---

87 Op. cit., p. 68.
88 Op. cit., p. 34.

utilizado com maior frequência e intensidade, para diversos fins, de um modo geral, ainda pouco compreendidos. Tendo em vista essa breve exposição sobre o contexto da Sociedade da Informação, passa-se a verificar a pertinência do tema à pesquisa, consistente no uso de dados pessoais.

2.1 O tratamento de dados pessoais serve ao mercado e à política

A informação, conforme exposto acima, tornou-se um dos principais ativos econômicos, ao ponto haver hoje uma sólida corrente acadêmica que sustenta que estamos na chamada *Sociedade da Informação*. Observa-se, entretanto, um tipo especial de *informação*, que tem íntima relação com a privacidade do indivíduo: os *dados pessoais*, sobre os quais Bioni[89] escreve que:

> Com a inteligência gerada pela ciência mercadológica, especialmente quanto à segurança dos bens de consumo (*marketing*) e a sua promoção (publicidade), os dados pessoais dos cidadãos converteram-se em um fator vital para a engrenagem da economia da informação.

Após discorrer sobre práticas comunicacionais de publicidade, tais como adequação de discurso e direcionamento a público-alvo de acordo com sua identificação por informações expressas na rede (comentários positivos e negativos sobre produtos na internet) ou fora dela (anúncios de carro em revistas especializadas em automóveis, por exemplo), Bioni passa à análise de outras formas de compreensão do comportamento do consumidor na

---

89 BIONI, Bruno Ricardo. *Proteção de dados pessoais*: a função e os limites do consentimento. Rio de Janeiro: Forense, 2019, p. 12.

rede: "Por meio de diversas ferramentas tecnológicas, dentre as quais se destacam os *cookies*, tornou-se possível rastrear a navegação do usuário e, por conseguinte, inferir seus interesses para correlacioná-los aos anúncios publicitários"[90]. Bioni acrescenta:

> Por meio do registro da navegação dos usuários cria-se um rico retrato das suas preferências, personalizando-se o anúncio publicitário. A abordagem publicitária passa a ser atrelada com precisão ao perfil do potencial consumidor. Sabe-se o que ele está lendo, quais os tipos de *websites* acessados, enfim, tudo aquilo em que a pessoa está efetivamente interessada e, em última análise, o que ela está mais suscetível a consumir com base nesse perfil comportamental.[91]

Não há dúvidas de que se trata de uma preciosidade. Há ainda diversas outras formas de obtenção de dados de comportamento de navegação de internautas. Santos[92] elenca entre as atividades desempenhadas em marketing digital:

a) *cookies* (dados de navegação);

b) *spams* (e-mails não solicitados contendo anúncios);

c) *banners* (anúncios nas páginas online);

d) *metatags* (palavras-chave nas páginas online para que sejam mais facilmente encontradas em motores de busca);

---

90 Op. cit., p. 18.
91 Op. cit., p. 19.
92 SANTOS, Fabíola. *O marketing digital e a proteção do consumidor*. Dissertação (mestrado em Direito). Pontifícia Universidade Católica de São Paulo, São Paulo, 2009, *passim*. Disponível em: <http://www.dominiopublico.gov.br/download/teste/arqs/cp090477.pdf>.

e) *cybersquatting* (página parecida com algum site famoso; página clonada, para induzir o internauta em erro);

f) publicidade mascarada ("publicação anônima feita por fornecedor concorrente");

g) *affiliations* (site menos famoso que se faz passar por afiliado do mais famoso);

h) mensagens subliminares; e

i) links patrocinados (normalmente em sites de busca).

São ao todo nove modalidades de abordagem de marketing na internet, levantadas dez anos atrás — portanto, ainda não contam com a intensificação da navegação e interação por meio das redes sociais, apontadas por Bioni.

Sobre esses avanços, que não serão exaustivamente abordados neste estudo para que não se perca seu levantamento pela obsolescência, Bioni[93] apresenta o "consumidor de vidro", dizendo que "Para além do monitoramento dos hábitos de navegação dos usuários, a Internet, juntamente com a tecnologia móvel, permitiu avançar mais ainda no direcionamento das ações publicitárias", ao que acrescenta:

> Com isso, as pessoas estão, cada vez mais, conectadas. [...] Essa onipresença da internet permitiu, de forma acoplada com a possibilidade do monitoramento da localização geográfica (*global positioning system*/GPS) dos *smartphones*, que as publicidades também sejam direcionadas com base em tal informação. Leva-se, assim, em conta, a proximidade física do potencial consumidor ao bem de consumo ofertado, como, por exemplo, seria o caso de um restaurante.

---

93 Op. cit., p. 21.

O autor trata inclusive de iniciativas recentes de marketing digital baseado em emoções,[94] além serviços ditos "gratuitos" e "*freemium*" (gratuitos — em inglês, *free* —, com versão *premium* paga) — "consumidores não pagam em dinheiro pelos bens de consumo, eles cedem seus dados pessoais em troca de publicidade direcionada"[95].

Não há dúvidas de que os dados pessoais são uma "moeda" atualmente — obviamente, não têm essa natureza jurídica, mas as relações de troca são constantes: utilizamos e-mails gratuitos, redes sociais gratuitas, aplicativos em que podemos ouvir música gratuitamente etc. Aliás, mesmo em serviços pagos os dados pessoais são coletados, tratados e utilizados para diversos fins, sendo o mais comum o apresentado nessas citações de Bioni, a publicidade direcionada.

Essa prática, embora bastante discutível, parece despertar mais indignação à academia do que ao público consumidor, porque o número de usuários desses serviços só aumenta, apesar de notícias de vazamento de dados pessoais — embora parte desse comportamento possa ser atribuída à pouca difusão de conhecimento sobre esse tópico ou mesmo à superdependência hodierna à vida digital — afinal, Bauman,[96] em menção aos jovens coreanos dos anos 2000, afirma que "a vida *social* já se transformou em vida *eletrônica* ou *cibervida*, e a maior parte dela se passa na companhia de um computador [...], é óbvio para os jovens que eles não têm sequer uma pitada de escolha".

Entretanto, alguém poderia perguntar: qual é o problema de se coletar e tratar dados pessoais para gerar publicidade direcio-

---

94 Idem, p. 24.
95 Idem, p. 25.
96 BAUMAN, Zygmunt. *Vida para consumo*: a transformação das pessoas em mercadorias. Rio de Janeiro: Zahar, 2008, p. 8.

nada? A resposta, já considerando o mais perfeito atendimento à legislação de proteção de dados (ou seja, sem abusos, excessos, desvios etc.), divide-se em duas partes: (i) deveríamos ter respeitado o direito de consumir mantendo nossa privacidade inabalada, sem que fornecedores nos dissessem ainda mais o que comprar ou por onde navegar — afinal, liberdade e privacidade não são protegidas por cláusula pétrea constitucional? — e não sermos nós a própria mercadoria, como denuncia Bauman, e (ii) não só o comércio, o marketing e a publicidade se valem desse recurso, que enseja imediato poder político, em maior ou menor medida, ao seu detentor.

2.1.1 Novas técnicas de marketing, consumo e privacidade

Antes de explorar as demais destinações da prática de coleta e tratamento de dados pessoais, é imprescindível analisar seu uso pelo marketing. Além de esse fim ser muito abrangente e praticado pelo mercado a todo momento, é latente a preocupação da doutrina e do legislador em relação à proteção dos dados pessoais do consumidor.

O tópico anterior deste capítulo expôs algumas técnicas de coleta de dados pessoais. Já se percebe uma mudança: passamos a fornecer informações sobre nós mesmos voluntariamente e com pouca clareza disso, pois não há mais apenas um processo de perguntas e respostas como ocorria (e ainda ocorre) nos censos governamentais.

Ao criarmos uma conta numa rede social, por exemplo, fornecemos informações que serão armazenadas e organizadas, passando a integrar um conjunto de dados estruturados, tais como nome, gênero, data de nascimento, e-mail, entre outras. Por outro lado, ao navegarmos pelas páginas da mesma rede, forneceremos informações aleatórias, que consistem em dados não estruturados, mas que também servem à análise estatística e probabilística que otimizam o serviço prestado (entretenimento) e a renda do provedor (por meio de anúncios publicitários): o que curtimos, a quais vídeos assistimos, com quem nos relacionamos, com que frequência acessamos a rede, o que publicamos, escrevemos etc.:

> Hoje em dia, somos inundados por dados. Estima-se que a quantidade de nova informação técnica dobre a cada dois anos, e mais de 1,5 hexabyte (isto é, $1,5 \times 10^{18}$ bytes) de informação nova foi gerada nesse ano. Isso é mais que o gerado durante o período de 5 mil anos antes de nascermos. Uma incrível quantidade de dados está prontamente disponível para nós na Internet e em outros locais. As pessoas capazes de analisar essas informações obterão bons empregos, o que será de valor inestimável em quase qualquer campo. Uma das coisas maravilhosas sobre a estatística é o fato de ser relevante em tantas áreas. Sejam quais forem seu foco e os planos de futura carreira, é bastante certo que você precisará de conhecimento estatístico para tomar decisões sábias em seu campo e vida diária.[97]

Na Sociedade da Informação a estatística tem papel estratégico. Integrando a tecnologia, não cabe apenas pensar nela em si mesma: é preciso pensar em *quem* a utiliza, *como* e *para quê*. No caso das relações de consumo, hoje não se pode mais pensar somente nos *cookies* — receber anúncios de sapatos depois de acessar outros anúncios de sapatos não é problema nenhum perto daquilo de que fácil e rapidamente já tomamos conhecimento.

---

97 LOCK, Robin H. et al. *Estatística*: revelando o poder dos dados. Rio de Janeiro: LTC, 2017.

Um exemplo disso é o compartilhamento entre diferentes agentes que coletam dados pessoais:

> Se você tem uma conta no Facebook ou usa alguma de suas outras plataformas, como Instagram e WhatsApp, já deveria saber que a empresa coleta seus dados pessoais -- um monte deles. Só que os tentáculos da rede social se estendem muito além de seus próprios produtos: aplicativos para smartphone enviam informações a ela ainda que você não tenha conta em qualquer uma das redes sociais controladas por Mark Zuckerberg.
> Essas são as conclusões do novo relatório da Privacy Internacional, uma entidade britânica que trabalha em defesa da privacidade e contra práticas corporativas e estatais que vão contra isso. A organização testou 34 apps dos mais baixados apps do Android no Reino Unido e constatou que essa prática ocorre com Spotify, TripAdvisor, Kaiak e My Talking Mom, serviços populares no mundo todo, incluindo o Brasil.[98]

Essa prática, sem o consentimento do titular dos dados, é expressamente proibida pela LGPD, o que se abordará mais à frente neste livro, mas por ora serve a demonstrar a avidez que os dados geram entre diferentes empresas. Não se pretende aqui simplificar a questão. O marketing não deixou de ser complexo porque a caixa de pandora dos dados e da estatística se abriu. Entretanto, deve-se analisar a questão, ainda que sem muito aprofundamento, pelas limitações intrínsecas a esta pesquisa,

---

[98] GOMES, Helton Simões. *Como o Facebook coleta seus dados ainda que você esteja fora do Facebook*. Tilt, UOL, 2 jan. 2019. Disponível em: <https://www.uol.com.br/tilt/noticias/redacao/2019/01/02/como-o-facebook-coleta-seus-dados-ainda-que-voce-esteja-fora-do-facebook.htm>. Acesso em 2 nov. 2019.

com uma mínima completude. Banov[99] dá conta do que chama de oito Ps do marketing virtual:

> 1º P – Pesquisa: dos hábitos de busca dos consumidores, no Google, em blogues e em redes sociais, para compreender o comportamento on-line dos consumidores potenciais, analisando suas buscas.
> 2º P – Planejamento: planeja ações para chegar aos consumidores potenciais, transformando o site da empresa em uma plataforma de negócios. É o momento de formação e preparação da equipe de trabalho.
> 3º P – Produção: é a produção do site, do blogue e de outras ferramentas virtuais que fazem parte do projeto da empresa.
> 4º P – Publicação: é a escolha dos conteúdos otimizados e persuasivos, obedecendo às estratégias de SEO (*Search Engine Optmization*) ou Otimização de sites [uma tradução mais precisa seria Otimização de Ferramentas de Busca] – criação de mecanismos de buscas, links patrocinados e outros. Incluem vídeos, fotos e músicas associados ao negócio da empresa.
> 5º P – Promoção: promover o conteúdo para os consumidores do negócio. Envolve a publicação de anúncios, o uso de redes sociais, o envio de e-mail marketing.
> 6º P – Propagação: incentivo para os consumidores propagarem o negócio. Compõe-se de estratégias de atendimento, pós-vendas, valores agregados ao negócio que propiciem comentários e avaliações do público-alvo.
> 7º P – Personalização: com os dados obtidos, estar preparado para oferecer produtos relacionados, por exemplo, com a última busca que o consumidor fez.
> 8º P – Precisão: é o momento de avaliação dos resultados proporcionados pelos passos anteriores, levantando

---

99 BANOV, Márcia Regina. *Comportamento do consumidor*: vencendo desafios. São Paulo: Cengage Learning, 2017, p. 87.

os pontos positivos e os pontos negativos, revendo e iniciando todo o processo novamente.

A autora parte de estratégias que, embora suscitem discussões ideológicas acaloradas, se consideram de boa-fé, porque não ultrapassam limites legais. Os tais Ps por ela apresentados englobam a compreensão do comportamento do consumidor na internet, estratégias que melhorem mecanismos de busca online, aproveitamento de dados etc. Para utilizar essas informações tão preciosas, do que os fornecedores precisam? Do consentimento do consumidor.

Antes da pergunta "qual é o problema de uma empresa usar dados pessoais para vender mais produtos ou serviços?", deve-se questionar: ela atinge apenas quem consente em fornecer suas informações? É claro que não. O uso de inferências estatísticas permite atingir terceiros de no mínimo duas formas distintas: a partir da classificação de diferentes consumidores com características parecidas (gênero, faixa etária, classe econômica etc.) e por meio do cruzamento de dados, que possibilita identificar com precisão alguém que não tenha fornecido dados pessoais.

Nesse sentido, as novas perspectivas da privacidade e da proteção de dados pessoais, especialmente a partir da Sociedade da Informação e da popularização da rede mundial de computadores, assentaram como sua pedra angular o *consentimento do titular dos dados* como forma de assegurar sua *autodeterminação informacional*.

Não parece ser outro o entendimento de Paesani,[100] segundo a qual "O desenvolvimento da informática colocou em crise o conceito de *privacidade*", ao que aponta que "passamos a ter

---

100 PAESANI, Liliana Minardi. *Direito e internet*: liberdade de informação, privacidade e responsabilidade civil. 7 ed. São Paulo: Atlas, 2014, p. 35.

um novo conceito de privacidade que corresponde ao direito que toda pessoa tem de dispor com exclusividade sobre as próprias informações mesmo quando disponíveis em bancos de dados".

O sistema de captação de dados a partir da experiência do internauta — a sua pegada digital — se retroalimenta ininterruptamente. Os dados não são o novo petróleo[101]. O petróleo é um recurso natural não renovável, o que significa que um dia vai acabar; os dados, no entanto, não param de ser produzidos. O uso do petróleo polui o meio ambiente; o dos dados, não, ou seja, sobreviverá às necessárias políticas ambientais em todo o planeta. Essa retroalimentação ocorre porque somos induzidos a consumir a todo momento e, ao consumirmos, fornecemos dados novamente. E o consumo, na prática, não é opcional:

> A 'sociedade de consumidores' é um tipo de sociedade que (recordando um termo, que já foi popular, cunhado por Louis Althusser) 'interpela' seus membros (ou seja, dirige-se a eles, os saúda, apela a eles, questiona-os, mas também os interrompe e 'irrompe sobre' eles) *basicamente na condição de consumidores*. Ao fazê-lo, a 'sociedade' (ou quaisquer agências humanas dotadas de instrumentos de coerção e meios de persuasão ocultos por trás desse conceito ou imagem) espera ser ouvida, entendida e obedecida. Ela avalia – recompensa e penaliza – seus membros segundo a prontidão e adequação da resposta deles à interpelação. Como resultado, os lugares obtidos ou alocados no eixo da excelência/inépcia do desempenho consumista se transformam no principal fator de estratifi-

---

[101] A capa da revista The Economist de maio de 2017, ilustrada com bases petrolíferas ostentando bandeiras da Amazon, Uber, Microsoft, Google, Facebook e Tesla, dizia: "O recurso mais valioso do mundo: dados e as novas regras de competição" (em inglês, *"The world's most valuable resource: data and the new rules of competition"*).

cação e no maior critério de inclusão e exclusão, assim como orientam a distribuição do apreço e do estigma sociais, e também de fatias da atenção do público.

A 'sociedade de consumidores', em outras palavras, representa o tipo de sociedade que promove, encoraja ou reforça a escolha de um estilo de vida e uma estratégia existencial consumistas, e rejeita todas as opções culturais alternativas.[102]

Se não consumimos, não fazemos parte da sociedade. Se estamos desconectados, não equivalemos àqueles que colecionam *amigos* e *seguidores* nas redes. Esse estímulo constante fornece um *Big Data* inestimável — e embora saibamos de seu potencial, ainda damos os primeiros passos no desbravamento das possibilidades de sua exploração — aos agentes que detêm supercapacidade de processamento.

Ficamos felizes com a sensação de pertencimento e os *likes* nas redes, mas a que preço, e beneficiando a quem? O argumento de que o consumidor se depara com anúncios mais adequados ao seu perfil esconde cinicamente o fato de que ele, constantemente *interpelado* a consumir e integrar as redes que coletam suas informações, é matéria-prima de dados pessoais, motivo de valorização de espaço para anúncios publicitários e ativo financeiro, verdadeiro capital informacional para quem obtém suas informações.

Essa interpelação é muito presente nas redes sociais, haja vista o potencial que têm de viabilizarem e potencializarem o hedonismo característico da pós-modernidade. É o que sustentam Moreira e Barbosa,[103] que, ao abordarem a responsabilidade de

---

102 BAUMAN, Zygmunt. *Vida para consumo*: a transformação das pessoas em mercadorias. Rio de Janeiro: Zahar, 2008, p. 53.

103 MOREIRA, Diogo Rais Rodrigues; BARBOSA, Nathalia Sartarello. O reflexo da sociedade do hiperconsumo no Instagram e a responsabilidade civil dos

influenciadores digitais por anúncios publicitários — e especificamente quando elucidam a lógica que os torna *influenciadores* —, esclarecem que "Por *likes* e comentários é possível medir o nível de sucesso dentro das redes sociais pelo que os seguidores ou visitantes expressam suas preferências e grau de engajamento"[104]. Isso alterou substancialmente a lógica do marketing, que passou a compreender critérios de interatividade e, sobretudo, de conhecimento profundo sobre as preferências do consumidor.

Além disso, se estamos na *sociedade de consumidores*, não podemos esquecer que constituímos também a *sociedade da vigilância*[105]. A privacidade não esgota sua importância no indivíduo. Rodotà aponta que:

> Quem consegue decifrar o debate ora em curso percebe que ele não reflete somente o tema clássico da defesa da esfera privada contra as invasões externas, mas realiza uma importante mudança qualitativa, que nos incita a considerar os problemas da privacidade de preferência no quadro da organização do poder, no âmbito do qual justamente a infra-estrutura da informação representa hoje um dos componentes fundamentais.[106]

Nem mesmo o exercício de cultos religiosos escapa — e se aborda isto exclusivamente pela vigilância; não se pretende equiparar religião e consumo nesta pesquisa. Conforme reportagem

---

influenciadores digitais. *Direitos Culturais*, v. 13, n. 30, pp. 73-88, Santo Ângelo, mai./ago. 2018. Disponível em: <http://srvapp2s.urisan.tche.br/seer/index.php/direitosculturais/article/view/2706/1295>. Acesso em 10 nov. 2019

104 Op. cit., p. 78.

105 RODOTÀ, Stefano. *A vida na sociedade da vigilância*: a privacidade hoje. Rio de Janeiro: Renovar, 2008.

106 RODOTÀ, op. cit., p. 23.

da Agência Pública,[107] a empresa Kuzzma lançou, na ExpoCristã ("maior evento para o público cristão da América Latina"), serviços de reconhecimento facial para as igrejas no País:

> Segundo o site da Kuzzma, o reconhecimento facial funciona a partir de uma câmera panorâmica de alta resolução instalada nas igrejas, identificando informações pessoais e assiduidade de fiéis nos cultos. A partir disso, são gerados relatórios para cada pessoa, incluindo estatísticas sobre seu comportamento e até avisando em casos de atividade considerada anormal.
> 'Dados como sexo, idade, frequência, horário de chegada, motivos prováveis de atraso e muitos outros são analisados e apresentados em relatórios. Conseguimos definir em nossas métricas até mesmo se alguém precisa de uma visita pastoral', disse o CEO da empresa em entrevista à ExpoCristã.

A matéria dá conta de algumas igrejas que já utilizam este ou serviços correlatos. Um dos discursos da propaganda é o fato de "sua mensagem [da igreja] chegar a lugares que você nunca imaginaria". O fato é que *consumo* e *vigilância* alçaram status de inevitabilidade. Aquele é quase um imperativo de conduta, enquanto esta já se confunde com paradigma de meio ambiente.

Uma hipótese de questionamento que poderíamos opor seria o fato de que, por mais que estejamos hoje numa *sociedade do consumo*, somos livres para consumir ou não. De fato, no plano ideal, normativo, abstrato, sim, somos livres.

---

107 AGÊNCIA PÚBLICA. *Empresas lançam serviço de reconhecimento facial para igrejas no Brasil*. Carta Capital, 14 nov. 2019. Disponível em: <https://www.cartacapital.com.br/sociedade/empresas-lancam-servico-de-reconhecimento-facial-para-igrejas-no-brasil/>. Acesso em 16 nov. 2019.

Entretanto, na prática, a *interpelação* social nos alcança em nível psicológico[108]:

> O homem contemporâneo é o sujeito do crédito e do consumo compulsivo, voltado ao gozo instantâneo, ele deixa de pensar no futuro, como no caso do homem moderno descrito por Freud e Weber, e se estrutura conforme seus desejos. 'Pelo computador, onde quer que se esteja, pode-se adquirir bens de consumo do mundo inteiro, de passagens aéreas à reserva de hotel, etc.'. (SANTI, 2011, p. 99). O indivíduo parece perder seus limites e condições de autocontenção e se torna dependente de uma estrutura externa que lhe dê contornos. Só o limite do crédito pode conter este impulso.

Nesse sentido, Santi[109] sustenta que:

> a sociedade torna-se inteira espetáculo, tendo como único critério de valor a visibilidade e a fama. Por meio do consumo, aderimos à promessa de prazer imediato e por meio da aderência ao consumismo nos condenamos a uma insatisfação maior. Se já não bastava a frustração e insatisfação à qual – edipicamente – procurávamos nos conformar, com as promessas da propaganda temos que nos haver com o reforçamento de ideais narcísicos que, da mesma forma, serão frustrados. Mas agora, gerando

---

108 FERRÃO, Carolina Peters; SANTI, Pedro de. As ligações sem fio no consumo contemporâneo. Análise da relação do sentimento de solidão na sociedade do consumo desenfreado. In: RAHMEIER, Clarissa Sanfelice; SANTI, Pedro de (orgs.). *Existir na cidade*: os contornos de si no (des)encontro com o outro. São Paulo: Zagodoni, 2018, p. 84, grifos nossos.

109 SANTI, Pedro Luiz Ribeiro de. Consumo e desejo na cultura do narcisismo. *Comunicação, Mídia e Consumo*, São Paulo, nov. 2005, v. 2, n. 5, pp. 173-204, p. 185. Disponível em: <http://revistacmc.espm.br/index.php/revistacmc/article/view/52/53>. Acesso em 29 out. 2019.

uma insatisfação maior, com a queda proporcional ao patamar no qual habitavam nossos ideais. Alguns autores representam este movimento da seguinte forma: em vez do imperativo superegóico que nos impunha a renúncia ao prazer, teríamos hoje um outro imperativo que diz: goze! O gozo aparece hoje inicialmente como uma possibilidade e então passa a ser um dever. Aquele que não goza, deve estar doente.

Se o indivíduo é interpelado ao consumo e gozo imediato, em que medida isso o influencia? Qual é o nível dessa interpelação? Nobre e Moreira[110] abordam a noção psicanalítica de fantasia[111] e a analisam à luz do ciberespaço, buscando compreender "em que medida as novas tecnologias produzem efeitos sobre a configuração fantasística daqueles que se lançam no mar do ciberespaço, inaugurando novo lugar para o laço social". Os autores apontam que:

> É certo que a atividade fantasística possui um caráter defensivo e, como tal, age sob custódia da porção inconsciente desse mesmo Eu (ego). Dessa forma, a fantasia respeita um grau de autonomia característico dos processos inconscientes. Nessa autonomia, portanto, a lógica utilizada passa a ser a desse sistema, diferente daquela que esperaríamos de uma ação puramente consciente da instância egoica, guiada, talvez, pela razão.[112]

---

110 NOBRE, Márcio Rimet; MOREIRA, Jacqueline de Oliveira. A fantasia no ciberespaço: a disponibilização de múltiplos roteiros virtuais para a subjetividade. *Ágora*, v. 26, n. 2, Rio de Janeiro, jul./dez. 2013, pp. 283-298, p. 285. Disponível em: <http://www.scielo.br/pdf/agora/v16n2/v16n2a07.pdf>. Acesso em 5 nov. 2019.

111 Os autores adotam a definição de Laplanche e Pontalis, segundo a qual a fantasia é o "Roteiro imaginário em que o sujeito está presente e que representa, de modo mais ou menos deformado pelos processos defensivos, a realização de um desejo e, em última análise, de um desejo inconsciente".

112 Idem, p. 287.

Levando-se em conta que a compreensão a fundo da fantasia demandaria estudo psicanalítico a um nível que fugiria do escopo desta pesquisa, observa-se que ela amortece os conflitos que o *ego* suporta pelas tensões entre *id* (que representa nossos desejos) e *superego* (nossos freios inibitórios, as regras sociais que apreendemos e naturalizamos). Os autores assentam o entendimento de que:

> Nesse emaranhado de roteiros, o sujeito, solto num mar de opções e novas modalidades do brincar, dá livre fluidez a sua fantasia que, por meio de reminiscências inconscientes do jogo infantil, reencontra-se com o prazer lúdico atualizado on-line.[113]

Nós ficamos imersos na realidade virtual, em busca de prazer, e até mesmo nossas percepções de tempo e espaço são alteradas. Ficamos vulneráveis porque nosso senso de moralidade se altera, dando maior vazão ao *id*:

> O que muda para o sujeito a partir da relação realidade psíquica-realidade virtual, no que tange à moralidade, é o fato de que, tal como a fantasia pode ludibriar os mecanismos psíquicos que representam a regra social, ela o faz com ainda mais liberdade na intimidade de sua atividade solitária frente à tela do computador. Nessa medida, a regra social encontra-se mais apagada, sendo a experiência do prazer facilitada pela distância física entre os usuários, o que neutraliza a moralidade que poderia constar no laço social das relações reais.[114]

Os autores se preocupam com a formação do nosso aparelho psíquico em meio a esse novo mundo, marcado pela reali-

---

113 Idem, p. 290.
114 Idem, p. 294.

dade virtual do ciberespaço. A esta pesquisa, entretanto, parece mais interessante inferir que tudo isso nos torna propensos a navegar mais e mais. Daí o enorme sucesso de aplicativos de relacionamento,[115] que podem satisfazer a busca por parceiros sexuais em pouquíssimo tempo, se comparados à experiência anterior de interagir pessoalmente com o outro fora de um contexto claramente propício a isso. E tudo isso é feito sob o olhar furtivo[116] dos agentes que coletam as informações dos usuários e observam seu comportamento — com o seu consentimento.

Como sustentar que, por haver a prerrogativa legal da liberdade para deixar de consumir, participar das redes sociais, acessar conteúdos etc., o consentimento do titular dos dados deve continuar a ser o paradigma normativo a seguir? Este argumento serve somente a quem capitaliza as informações de terceiros e não coaduna a realidade — o ideal abstrato normativo não se presta a compreender o homem em sua complexidade psíquica, refém de uma alienação necessária ao pertencimento.

Embora haja um inegável avanço com os novos regulamentos de proteção de dados, nossa atenção inevitavelmente se voltará a outros aspectos, para além do consentimento. Esta pesquisa tentará esclarecer, no capítulo 3, possíveis parâmetros independentes do consentimento para a restrição à coleta e ao tratamento de

---

115 Entre esses apps, podem-se citar Tinder, Happn, Adote um Cara, Kickoff, Anomo, Badoo, PlentyOfFish, Bumble, Once, Grindr etc., cada qual com lógicas de funcionamento e públicos-alvo próprios. O Facebook, por exemplo, que já concentra também WhatsApp e Instagram, lançou recentemente a aplicação interna de sua rede social, chamada Facebook Namoro.

116 Não temos a percepção consciente dessa vigilância, mas apenas um clique em "li e aceito os termos de uso". Mesmo que esse consentimento fosse consciente, a *sensação* durante a navegação não é a de estar sendo observado; ao contrário, conforme apontaram Nobre e Moreira, ao termos o encontro íntimo com a tela do *smartphone*, nos sentimos seguros ao ponto de afrouxar nossos freios morais e manifestar, livre e inconscientemente, nossos desejos.

dados pessoais. Antes disso, contudo, cabe verificar outras aplicações dessa atividade.

2.1.2 Política e fake news *sob medida*: disputa e poder informacional

Outra área a se levar em conta na observação do uso de tratamento de dados pessoais é a política. A história recente mostra importantes consequências à política *lato sensu* e a processos eleitorais. Barreto Junior[117] aborda essa influência:

> Tome-se como exemplo a eleição de Trump e o fenômeno mundial que ficou conhecido como Fake News. Após a eleição do presidente Donald Trump, nos EUA, em 2016, foi análise recorrente que parcela significativa da sua vitória se deve à inovadora campanha promovida nas redes sociais pela empresa Cambridge Analytica. Essa empresa aplicou tecnologias de Big Data e Inteligência Artificial na orientação da campanha presidencial na Internet, consubstanciada na categorização de grupos de eleitores, inspirada em modelo criado por psicólogos na década de 1980. O modelo foi chamado de Big Five e classificou os eleitores em cinco classes de atributos: ABERTURA (a novas experiências), CONSENCIOSIDADE (perfeccionismo), EXTROVERSÃO (sociabilidade), CONDESCENDÊNCIA (cooperatividade) e NEUROTICISMO (temperamento). Com base nessas dimensões – 'conhecidas pela sigla em inglês OCEAN – foi possível fazer uma avaliação relativamente precisa dos

---

117 BARRETO JUNIOR, Irineu Francisco. Limites éticos da inteligência artificial na sociedade da informação. In: CONGRESSO INTERNACIONAL DA SOCIEDADE DA INFORMAÇÃO: a sociedade da informação e os direitos humanos em face do século XXI, 2018, Navarra-ES. Anais. Mimeo, p. 1-27, p. 23.

eleitores americanos, que incluiu necessidades, medos e predição da probabilidade de voto.' O insumo principal dessa taxonomia foi o padrão de interação dos usuários da rede social Facebook.

Barreto Junior aponta que, além de propaganda política mais bem personalizada, o eleitorado estadunidense "foi *bombardeado* por notícias especialmente orientadas para sensibilizar os diferentes grupos de eleitores. [...] Notícias falsas, distorcidas, exageradamente manipuladas e que passaram a ser conhecidas como *Fake News*"[118].

Denota-se, portanto, que a motivação desta pesquisa tem sua complexidade no fato de que os problemas analisados não são isolados: *informação* é hoje utilizada, inclusive por meio de *desinformação*, para influenciar opiniões, decisões e até mesmo resultados eleitorais — e isso é apenas uma das possibilidades, ainda envoltas na opacidade de um horizonte de inovação difícil de acompanhar.

Nesse sentido, Rais[119] enfatiza que "Não faz sentido descolar as *fake news* do interesse econômico ou político na sua produção e profusão", ao que acrescenta que "Há verdadeiras fábricas de *fake news* espalhadas pelo mundo, cujo objetivo, por mais variado que seja, converge, no final, para a obtenção de alguma vantagem". O problema é tão maior quando nos deparamos com a assertiva de que "Não é fácil identificar o impacto da desinformação em uma eleição. Muitas vezes não é possível definir com precisão sequer os motivos que levaram, cada eleitor, individualmente, a votar em determinado candidato"[120].

---

118 Idem, p. 24.
119 RAIS, Diogo. Fake news e eleições. In: RAIS, Diogo (coord.). *Fake news*: a conexão entre a desinformação e o direito. São Paulo: Revista dos Tribunais, 2018, p. 108.
120 Idem, p. 114.

Após discorrer sobre as preocupações envolvendo a relação com o avanço tecnológico (barateamento de jornal, rádio, televisão etc.), Rais aponta que "A comunicação e a tecnologia evoluem, mas parece que o eixo de preocupação continua sendo o mesmo: comunicação e manipulação do voto"[121].

É necessário observar uma diferença em relação a esse novo avanço, essa nova influência comunicacional sobre a opinião pública (ou opinião do público). A revolução das tecnologias de informação passou a permitir uma nova forma de comunicação, conforme sustentam Barreto Junior, Sampaio e Gallinaro[122]:

> Em 2002, Murilo Ramos já anotava: 'Sem dúvida se requer uma informação mais abundante, procedente de uma pluralidade de fontes, mas se não houver possibilidades de reciprocidade, a comunicação não será realmente democrática'. O nominado autor, pesquisador na área de políticas de comunicações, aborda a necessidade de se democratizar os meios comunicacionais, em virtude do direito à comunicação, que seria um direito humano de quarta geração. Não bastaria o acesso às informações, pois sem a efetiva possibilidade da via reversa, isto é, de o receptor ser oportunamente também emissor, não haveria o atendimento ao aludido direito e, consequentemente, tampouco uma comunicação democrática. A resposta não veio do Estado, mas da iniciativa privada global, que criou a internet e posteriormente as redes sociais. Não só o acesso à rede se tornou facilitado – assim como ocorreu com o rádio, a televi-

---

121 Idem, p. 115.
122 BARRETO JUNIOR, Irineu Francisco; SAMPAIO, Vinícius Garcia Ribeiro; GALLINARO, Fabio. Marco Civil da Internet e o direito à privacidade na sociedade da informação. *Direito, Estado e Sociedade*, Rio de Janeiro, n. 52, jan/jun. 2018, p. 114-133, p. 116. Disponível em: <http://direitoestadosociedade.jur.puc-rio.br/cgi/cgilua.exe/sys/start.htm?infoid=370&sid=35>. Acesso em 18 mai. 2019.

são e o telefone, que se massificaram tempos depois de sua chegada ao País –, mas também a possibilidade de ingresso em ambientes virtuais nos quais se pode fazer contato com tantas pessoas quanto se queira.

Assim, se antes a pessoa era mera receptora de uma informação intermediada profissionalmente por jornalistas e publicitários, por meio de impressos, rádio e televisão, hoje ela é um agente ativo, emissor de comunicação e, muitas vezes, propagador de *fake news* (desinformação) voluntário ou involuntário — pode tanto ter a intenção de influenciar a opinião alheia àquilo que considera conveniente, quanto estar influenciado por outrem e, agindo de boa-fé, espalhar "mentiras".

Por outro lado, talvez seja mais relevante o questionamento sobre quem produz desinformação do que quem a dissemina. Há novos agentes intermediando o acesso à informação (ou aos intermediadores diretos dela). Os principais parecem ser os motores de busca e as redes sociais. Essa análise não é tão simples quanto pode parecer à primeira vista e requer uma noção preliminar de que a horizontalidade absoluta das redes na internet é um ideal abstrato que não ocorre na prática. Loveluck[123] traz uma importante contribuição:

> [...] de um ponto de vista geral, a Internet – e, especialmente, a web – enquanto sistema complexo apresentaria assimetrias estruturais que podem ser compreendidas como uma hierarquização das entidades que a compõem. As leis de potência, em particular, permitem identificar e descrever importantes disparidades na distribuição dos sites web, em seu crescimento e número de páginas, assim como nas trajetórias de navegação dos internautas ou em seu grau de

---

123 Op. cit., p. 205.

atividade, como sublinha Bernardo Huberman; esse autor evoca, assim, 'uma espécie de mecanismo universal que não apenas subentenderia o crescimento da web, mas também produziria distribuições de acordo com a lei de potência mediante algumas de suas características' (HUBERMAN, 2001, p. 28-29). Por exemplo, no contexto do e-comércio, constata-se igualmente uma distribuição logarítmica, às vezes, resumida pela fórmula *winner-takes-all* ('o vencedor leva tudo'), que está associada à estrutura da web em geral: um reduzido número de sites concentra a maior parte do tráfego com evidentes efeitos de saturação.

Nesse sentido, depreende-se que o tráfego na rede atende a uma lógica de audiência. Quanto mais acessada uma página, mais relevante ela é, de acordo com os critérios estabelecidos em algoritmos de motores de busca. Isso não é sem motivo, aleatório, e revela o interesse econômico por traz desses sites. Isso porque:

> Os motores de busca são atores-chave da web na medida em que fornecem ferramentas para orientar o usuário na grande quantidade de hiperlinks, além de apresentarem, nesse aspecto, um grande valor econômico. Sua finalidade consiste em oferecer informações suscetíveis de interessar o internauta – seja diretamente ou direcionando-o para outros sites. No entanto, eles são confrontados com um dilema: por um lado, devem direcionar rapidamente o usuário para conteúdos que sejam de seu interesse; e, por outro, à semelhança do que ocorre com sites de conteúdos, eles pretendem que os usuários passem o maior tempo possível em seu serviço, por exemplo, para propor-lhes publicidade. Um motor de busca irá apostar na eficácia de seu serviço a fim de ser o ponto de partida para qualquer investigação empreendida na net [...].[124]

---

124 LOVELUCK, op. cit., p. 227.

Loveluck[125] retoma essa análise em sua conclusão para dizer que a captação "apresenta-se como uma nova intermediação. Ela designa lógicas de reconcentração de valor econômico, assim como estratégias de controle político". É claro que não se ignora a importância desses agentes na rede, que suprem uma grande carência (como poderíamos navegar sem uma bússola no grande oceano informacional da web?), mas isso implica, paradoxalmente, um receio quanto à sua atividade, que é remunerada por uma lógica de audiência. E as tais *fake news* costumam dar muita audiência. Além de serem particularmente apelativas, contam com difusores eficientes. Nesse sentido, Rais[126] traz os principais difusores de *fake news* na web:

a) os robôs (ou *bots*, que replicam conteúdo automaticamente, como se fossem pessoas naturais);

b) ciborgues (*trolls*, *socketpuppets* ou fantoches, são híbridos entre internautas e *bots*, ou seja, são robôs operados por humanos e, por isso, têm "reputação digital", pois é difícil perceber sua natureza artificial);

c) robôs políticos (perfis de pessoas naturais que permitem campanha automatizada para políticos);

d) *fake* clássicos ("um perfil inventado por uma só pessoa, 'sem relação com empresas que vendem esse serviço para políticos e sem relação com campanhas que pedem acesso às contas de militantes'"); e

e) ativistas em série (pessoas reais que compartilham conteúdo em grande quantidade).

---

125 Idem, p. 297.
126 Op. cit., *passim*.

O investimento em recursos de desinformação é tão elevado que nos Estados Unidos, por exemplo, há empresas especializadas. De acordo com Allcott e Gentzkow,[127] "Uma companhia americana chamada Disinfomedia possui muitos sites de *fake news*, incluindo NationalReport.net,[128] USAToday.com.co, e WashingtonPost.com.co, e seu proprietário alega que emprega entre 20 e 25 escritores".[129] Ainda segundo eles, as redes sociais têm papel central na propagação de *fake news*, porque enquanto os principais sites de notícias têm 10,1% de acesso a partir de redes sociais, sites de *fake news* têm 41,8%[130].

Assim, deve-se atentar à relação entre poder e informação. Esse poder informacional está principalmente associado a quem detém a informação, mas a influência de quem a propaga (mesmo que não seja informação, mas desinformação) também é bas-

---

127 ALLCOTT, Hunt; GENTZKOW, Matthew. Social media and fake news in the 2016 election. *Journal of Economic Perspectives*, [S. l.], EUA, v. 31, n. 2, mai. 2017, p. 217. Disponível em: <https://pubs.aeaweb.org/doi/pdfplus/10.1257/jep.31.2.211>. Acesso em 23 abr. 2019.

128 Atualmente, o site se define como "a fonte de notícias mais desprezível da América" ("*America's lousiest news source*"). No Brasil, exemplos famosos de iniciativas parecidas são o Sensacionalista.com.br ("isento de verdade" — a ambiguidade é proposital) e Piaui.folha.uol.com.br/Herald ("The Piauí Herald"), cujas publicações têm aparência jornalística, mas são ostensivamente satíricas. Em 19 de maio de 2019, a capa do National Report contava com a "notícia" de três anos antes de que uma marca de preservativos anunciava a camisinha mais fina da história, em homenagem a Trump, chamada *Trojan Ultra-thin Scum Bag*. O Sensacionalista contava com a manchete "Lula engata namoro de dentro da prisão e solteiros trocam Tinder por assalto a mão armada". A capa do Piauí Herald informava: "Texas autoriza cidadão a empunhar armas contra invasão de Bolsonaros". Nessa perspectiva, não se pode dizer facilmente que são sites de *fake news*, pois seu intuito é a crítica, e não a desinformação.

129 Op. cit., p. 217, tradução nossa. Original em inglês: "*A US company called Disinfomedia owns many fake news sites, including NationalReport.net, USAToday.com.co, and WashingtonPost.com.co, and its owner claims to employ between 20 and 25 writers*".

130 Op. cit., p. 222.

tante significativa. Esse papel, que já foi exclusividade estatal, foi ocupado pela imprensa após a revolução burguesa, cuja atividade culminou no jornalismo que vemos hoje. Laje[131] aponta que:

> Nos primeiros séculos de existência dos periódicos, houve o privilégio dos textos opinativos e interpretativos, em que cada episódio ou acontecimento era expressamente relacionado a uma linha de pensamento determinada e sempre reiterada. Ao redator de um jornal burguês, na França do século XVIII, parecia perfeitamente cabível noticiar a falta de gêneros numa região, um motim camponês em outra, a prisão de um manifestante, a derrota em uma batalha ou qualquer outro fato remetendo inevitavelmente aos impostos do governo aristocrático, à falta de liberdade de circulação de mercadorias e idéias, à perda de liderança da aristocracia dominante.
> Consolidada a posse do poder [da burguesia], iria tornar-se difícil aplicar o mesmo raciocínio, com idêntica amplitude, se faltam gêneros, ocorrem motins e prisões ou derrotas militares: opinião emitida de cima para baixo perde rapidamente o grau de novidade (ou improbabilidade) mínimo necessário para que desperte algum interesse. A própria atitude do público mudaria [...]. A reiteração ideológica teria que ser feita por outros meios, e estes foram supridos por novas formas de produção da informação.

Vem daí a preocupação jornalística com a isenção (que já se provou impossível), porque ela tem sobre a informação o mesmo poder de legitimá-la que pesquisas de opinião pública em relação às "verdades" e "vontades do povo". A relação de poder é a mes-

---

131 LAJE, Nilson. *Ideologia e técnica da notícia*. UFSC-Insular, 2001, p. 18. Disponível em: <http://nilsonlage.com.br/wp-content/uploads/2015/04/Ideologia_comp_.pdf>.

ma. Quando um âncora fala num grande telejornal, a maioria das pessoas recebe a informação como verdade absoluta, porque o jornal promete e dá garantias de sua isenção[132]. Ao fugir da ideia de pura opinião, o jornalismo chegou a uma posição tão improvável quanto ela, que é a do alcance da verdade. A influência da imprensa, nesse sentido, parece pouco discutível. Lima cita uma fala de Roberto Marinho, de 1987:

> Sim, eu uso o poder [da Rede Globo], mas eu sempre faço isso patrioticamente, tentando corrigir as coisas, buscando os melhores caminhos para o país e seus estados. Nós gostaríamos de ter poder para consertar tudo o que não funciona no Brasil. Nós dedicamos todo o nosso poder para isso. Se um poder é usado para desarticular um país, para destruir seus costumes, então, isso não é bom, mas se é usado para melhorar as coisas, como nós fazemos, isso é bom.[133]

Mais que essa declaração, que poderia ser interpretada casuisticamente, como fato isolado, tem-se a assertiva de que:

---

[132] A Rede Globo, por exemplo, editou um compromisso de "Princípios Editoriais do Grupo Globo", em 6 de agosto de 2011. Nele estão a definição de jornalismo e os atributos de uma "informação de qualidade" (isenção, correção e agilidade), bem como orientações de como o jornalista deve se relacionar com outrem (fontes, colegas, entre outros), além da defesa de valores como independência, apartidarismo, laicidade, democracia, liberdades individuais, livre iniciativa, direitos humanos, a república, o avanço da ciência e a preservação da natureza. Fonte: MARINHO, Irineu Roberto; MARINHO, João Roberto; MARINHO, José Roberto. *Princípios editoriais do Grupo Globo*. Rio de Janeiro: Grupo Globo, 6 ago. 2011. Disponível em <http://g1.globo.com/principios-editoriais-do-grupo-globo.pdf>.

[133] MARINHO, Roberto. One man's political views collor Brazil's TV eyes. [Entrevista concedida a] A. Riding. *The New York Times*, Nova York, 12 jan. 1987, p. A-4 apud LIMA, Venício A. de. *Mídia: teoria e política*. 2 ed. São Paulo: Perseu Abramo, 2004, p. 167.

> A mídia desempenha o papel da manutenção da ideologia política dominante: ela a divulga, celebra, interpreta o mundo nos seus termos e, em alguns momentos, a altera para adaptá-la às demandas de legitimação num mundo em mudança. Ao mesmo tempo, o conceito de hegemonia é empregado para explicar o comportamento da mídia, o próprio processo de produção cultural. A mídia, ela mesma, está sujeita ao processo hegemônico. A ideologia dominante conforma a produção de notícias e entretenimento; isto explica por que podemos esperar que a mídia funcione como *agente de legitimação*, apesar do fato de que ela é independente do controle político.[134]

Não parece ser outro o entendimento de Paieiro, Santoro e Santos,[135] segundo os quais, em determinados casos, "o jornalismo pode funcionar como instrumento de dominação. Pode ser uma ferramenta de manutenção do poder e não de contestação". Depende da intenção e abordagem da imprensa. Souza[136] ao tratar da influência do jornal sobre o leitor, faz uma referência a Perseu Abramo:

> Uma das principais características do jornalismo no Brasil, hoje, praticado pela maioria da grande imprensa, é a manipulação da informação. O principal efeito

---

134 HALLIN, D. Hegemony: the American news from Vietnam to El Salvador: a study of ideological change and its limits. In: PALETZ, D. (Ed). *Political communication research*. Norwood, NJ: Ablex, 1987, p. 4 apud LIMA, Venício A. de. *Mídia*: teoria e política. 2 ed. São Paulo: Perseu Abramo, 2004, p. 168.

135 PAIEIRO, Denise C.; SANTORO, André C. T.; SANTOS, Rafael F. As fake news e os paradigmas do relato jornalístico. In: RAIS, Diogo (coord.). *Fake news*: a conexão entre a desinformação e o direito. São Paulo: Revista dos Tribunais, 2018, p. 52.

136 SOUZA, Genilda Alves de. *A conotação dos dados estatísticos pela mídia impressa*. Dissertação (mestrado em Comunicação). Faculdade Cásper Líbero, São Paulo, 2009, p. 107. Disponível em: <https://casperlibero.edu.br/wp-content/uploads/2014/04/A-conota%C3%A7%C3%A3o-dos-dados-estat%C3%ADsticos.pdf>.

> dessa manipulação é que os órgãos de imprensa não refletem a realidade. A maior parte do material que a imprensa oferece ao público tem algum tipo de relação com a realidade. Mas essa relação é indireta. É uma referência indireta à realidade, mas que distorce a realidade. Tudo se passa como se a imprensa se referisse à realidade apenas para apresentar outra realidade, irreal, que é a contrafação da realidade real. É uma realidade artificial, não real, irreal, criada e desenvolvida pela imprensa e apresentada no lugar da realidade real.

De outro canto, Sampaio[137] diz:

> As contradições que cercam o jornalismo são alvo permanente de debates, sob pontos de vista mais diversos, desde o seu caráter histórico [como discute Nelson Traquina (2005)] à legitimidade da informação quando analisada do ponto de vista da urgência com que é produzida. Mas, uma das chaves que parecem ter se tornado centrais entre essas discussões é a questão da ética no/para o jornalismo. Segundo Bernardo Kucinski (2005:17), 'o jornalismo brasileiro vive hoje uma crise ética muito especial. Mais do que a incidência de desvios éticos pontuais, a característica dessa crise é o vazio ético'.

Percebe-se, assim, que "o" problema da desinformação na internet não está exclusivamente relacionado à mentira em si, mas também à disputa pela primazia da informação (e da mentira) e da capacidade de propagação — os difusores de *fake news* têm sido, ao que parece, pelo menos na internet, mais eficientes que

---

[137] SAMPAIO, Dávius da Costa Ribeiro. *Os relatórios do Unicef segundo olhar jornalístico*. Dissertação (mestrado em Comunicação). Faculdade Cásper Líbero, São Paulo, 2009, p. 13. Disponível em: <https://casperlibero.edu.br/wp-content/uploads/2014/02/16-os-relat%C3%B3rios-do-unicef.pdf>. Acesso em 27 abr. 2019.

os veículos tradicionais da imprensa. É claro que as *fake news* costumam ser mentiras ostensivas, relativas ao próprio fato narrado, enquanto a influência da imprensa tradicional costuma estar mais associada à pauta jornalística (teoria da agenda), abordagem, linguagem etc. Não se ignora o esforço do jornalismo profissional em relação à correção e qualidade da informação, mas essas influências existem e não são recentes.

Compreendida a extensão do problema da desinformação, cabe rever a relação entre *Sociedade da Informação*, atividades de *desinformação* e tratamento de *dados pessoais*:

(i) a Sociedade da Informação é um conceito mais político do que propriamente técnico, embora a revolução tecnológica seja seu principal pano de fundo;

(ii) a desinformação é um importante recurso de manipulação da opinião pública (ou do público, ou do conjunto de opiniões individuais, por exemplo);

(iii) o tratamento de dados pessoais, por si só, é um elemento que agrega elevado poder a partir da concentração de capital informacional, mas quando aliado à desinformação, torna-se uma poderosa arma política. O exemplo do marketing por trás da campanha presidencial de Trump nos Estados Unidos, apresentado por Barreto Junior, citado anteriormente, parece suficiente a essa compreensão. Barreto Junior[138] colhe uma passagem de O'Neil, que diz que "ao ajustar seus algoritmos para modelar as notícias que as pessoas veem, o Facebook tem agora tudo o que é necessário para jogar com todo o sistema político", ao que ele acres-

---

138 Op. cit., p. 24.

centa a compreensão de que "O que houve na eleição de Trump foi a aplicação das tecnologias da informação como ferramenta estratégica, aplicada na montagem dos perfis e no direcionamento de conteúdo para influenciar o eleitorado na sua tomada de decisões". E isso não teria a mesma eficiência sem o tratamento de dados pessoais de 50 milhões[139] de usuários do Facebook. Não se trata mais de mentira. O problema hoje é maior, é a mentira sob medida.

Não se ignora, entretanto, que há quem discorde que a influência das *fake news* seja tão grave quanto algumas denúncias apontam. Além de Allcott e Gentzkow, citados anteriormente, Morozov[140] rema contra a maré e enfatiza:

> Aparentemente, adultos sérios, honestos e donos de um racionalismo demodê acreditam estar perdendo as eleições por causa de uma epidemia perigosa de *fake news*, memes da internet e vídeos engraçados do YouTube. Para essas pessoas, o problema não está em o Titanic do capitalismo democrático navegar por águas perigosas; em todo caso, seu potencial naufrágio nunca poderia ser discutido pela elite estudada. O problema está, para ela, na proliferação de alarmes falsos sobre *icebergs* gigantes no horizonte.
> Consequentemente, houve uma profusão de soluções equivocadas: banir memes da internet (proposta do partido governante da Espanha); estabelecer comissões de

---

139 REVEALED: 50 million Facebook profiles harvested for Cambridge Analytica in major data breach. *The Guardian*. [S.l.], 17 mar. 2018. Disponível em: <https://www.theguardian.com/news/2018/mar/17/cambridge-analytica-facebook-influence-us-election>.

140 MOROZOV, Evgeny. *Big tech*: a ascensão dos dados e a morte da política. São Paulo: Ubu Editora, 2018, p. 182.

> especialistas para averiguar a veracidade das notícias (solução lançada pelo chefe antitruste da Itália); abrir centros de combate às *fake news* e multar quem quer que as espalhe por redes sociais como o Twitter e o Facebook (abordagem sugerida pelas autoridades alemãs).
> Esta última proposta é um ótimo jeito de incentivar Facebook a promover a liberdade de expressão – o mesmo Facebook que recentemente censurou uma foto da estátua nua de Netuno, do centro de Bolonha, por considerá-la obscena demais... Uma dica aos governantes autoritários: caso queiram se safar da censura virtual, apenas tagueiem [marquem] como *fake news* os artigos de que não gostarem e ninguém no Ocidente jamais reclamará.

É claro que há um exagero estratégico e apelativo na narrativa de Morozov, mas, possíveis inclinações ideológicas à parte, ele pretende trazer uma contribuição concreta ao público geral (o artigo foi originalmente publicado no *The Observer*, de 8 de janeiro de 2017): a desinformação não é a fonte do mal. A quem já não esteja em seus primeiros contatos com o tema, pode ser mais relevante notar a inferência de que, se obviamente as *fake news* não são em si mesmas o grande problema, elas revelam a disputa pela informação — que, conforme exposto retro, teve sua última "consolidação" após a ascensão da burguesia ao poder e o declínio da aristocracia.

A questão é que hoje essa disputa não é simplesmente classista. Não são comerciantes denunciando nobres nem centrais sindicais espalhando mentiras sobre grandes empresas. Tem de todo lado, para todos os gostos, e essas mentiras são entregues pelo meio onipresente das redes sociais em smartphones, com as referências algorítmicas de perfilação comportamental.

Há, ainda, uma premissa pouco precisa na crítica de Morozov. A preocupação em relação às *fake news* não é exclusividade de processos eleitorais, mas da informação cotidianamente apreendida pela maior parte dos cidadãos, cuja fonte costuma ser justamente a das redes sociais. Segundo a agência de *fact-checking* (checagem de fatos) Aos Fatos, por exemplo, 106 mil internautas compartilharam a notícia falsa de que o filho de Anderson Gomes (motorista da vereadora Marielle Franco e vítima do famoso atentado que levou à morte dos dois) não teria direito à pensão pela morte do pai, em contraste à vereadora[141]. Na verdade, tem.

O problema central dessa desinformação não é o direito de um ou de outro, mas uma narrativa que pretende colocar Marielle como uma pessoa privilegiada, por meio da clássica comparação entre vítimas de crimes, comumente vistas por usuários de redes sociais (indignação pelo fato de a morte da vereadora causar mais impacto que a de policiais no mesmo dia, por exemplo). Dessa forma, o autor dessa mentira pretende desmoralizar a memória da vereadora, quem a homenageia ou movimentos de esquerda, por exemplo.

Isso acontece da esquerda para a direita e vice-versa, não tem orientação ideológica (a fotografia de Bolsonaro assistindo a um vídeo de Lula em Dallas é montagem e tinha 9.600 compartilhamentos durante a apuração da agência)[142]. Esses exemplos mostram que os ataques "desinformacionais" são constantes e não tendem a cessar tão cedo. Entretanto, parece estar certo o autor ao denunciar a tendência antidemocrática das tentativas de regulação das *fake news*, que levam sempre a um prognóstico de censura.

---

141 MENEZES, Luiz Fernando. É falso que filho de motorista de Marielle não tem direito a pensão. *Aos Fatos*, 21 mai. 2019. Disponível em: <https://aosfatos.org/noticias/e-falso-que-filho-de-motorista-de-marielle-nao-tem-direito-pensao/>.

142 MENEZES, Luiz Fernando. Montagem engana ao mostrar Bolsonaro em museu vendo vídeo de Lula. *Aos Fatos*, 20 mai. 2019. Disponível em: <https://aosfatos.org/noticias/montagem-engana-ao-mostrar-bolsonaro-em-museu-vendo-video-de-lula/>.

A informação está ao alcance de todos e quem a intermediar seguirá influenciando quem simplesmente a recebe. O surgimento das agências de checagem de fatos pode ser uma pista de que a própria sociedade tende a aprender a lidar com essas novas situações, nos limites pré-estabelecidos por lei — mas isso, até agora, está no cerne específico da desinformação e não dá conta do tratamento de dados pessoais para este fim, sendo certo que as iniciativas para restringir tal prática (o uso de dados pessoais) não destoam da democracia, mas, ao contrário, tendem a fortalecer o cidadão.

2.2 Dados pessoais: perspectivas e expectativas.

O tópico 2.1 deste capítulo expôs parte da experiência concreta do tratamento de dados pessoais em relação ao marketing para consumo (que não se restringe a compra) e para a política (não esgotada por eleições). Diante disso, é possível constatar que o *conhecimento* gerado a partir desse tratamento provê um poder inédito aos agentes informacionais.

Entretanto, seriam os problemas expostos até aqui o ápice do risco da influência política do poder informacional? Algumas evidências sugerem que não e demonstram maior seriedade em relação a esses riscos — e não se pretende aqui um tom alarmista ou "ciberpessimista", tampouco qualquer vidência, mas a necessária reflexão sobre elementos que, ao olhar deste estudo, tendem a ser mais explorados pela doutrina jurídica em um breve futuro.

O *boom* da revolução informacional ainda não parece ter amenizado sua curva de crescimento e hoje a inteligência artificial parece um dos elementos-chave desse avanço. Segundo Barreto Junior[143]:

---
143 Op. cit., p. 5.

> Contemporaneamente, o modelo de IA passou a ser associado à capacidade informática de oferecer respostas para perguntas humanas, com crescente probabilidade estatística de acerto, questões que exigem a simulação da capacidade humana de raciocinar, perceber, tomar decisões e resolver problemas. Essas perguntas são decodificadas na forma de programações informáticas, que podem ser imaginadas como sequencias de linhas de códigos, repletas de complexos cálculos matemáticos, denominados algoritmos.
> [...]
> Outro aspecto característico do tratamento informático de dados, por meio da inteligência artificial, reside na compreensão de que essa técnica é consubstanciada na aplicação de sofisticadas tecnologias de coleta, processamento e análise estatística de grandes massas de dados, comumente denominadas como Big Data.

Mais que isso, Barreto Junior[144] traz a compreensão sobre *machine learning*, que se diferencia de *inteligência artificial*, porque é um processo mais específico, por meio do qual o "computador" (aplicativo, software...) "aprende" a resolver problemas sozinho. Esse processo encontra sua maior evolução no chamado *deep learning* (aprendizado profundo), que prescinde de alguns parâmetros anteriores para o desenvolvimento autônomo da máquina. LeCun, Bengio e Hinton[145] explicam que:

> Técnicas convencionais de *machine-learning* [aprendizado de máquina] eram limitadas em sua habilidade

---
144 Idem, p. 8.
145 LECUN, Yann; BENGIO, Yoshua; HINTON, Geoffrey. Deep learning. *Nature*, v. 521, p. 436-444, 28 mai. 2015, p. 436. Disponível em: <https://www.nature.com/articles/nature14539>.

para processar dados naturais sem tratamento. Por décadas, construir sistema de *pattern-reconigtion* [reconhecimento de padrões] ou *machine-learning* requeria engenharia cuidadosa e domínio de expertise considerável para projetar um extrator de recursos que transformasse os dados sem tratamento (como os valores de pixel em uma imagem) numa representação interna adequada ou num vetor do qual o subsistema de aprendizado, geralmente classificador, pudesse detectar ou classificar padrões no *input* [na entrada].

Representation learning [aprendizagem de representação] é um conjunto de métodos que permite que uma máquina seja alimentada com dados sem tratamento e automaticamente descubra representações necessárias para detecção ou classificação. Métodos de *deep-learning* [aprendizagem profunda] são métodos de *representation-learning* com múltiplos níveis de representação, obtidos pela composição de módulos simples, mas não lineares que transformam a representação em um nível (começando com o *input* sem tratamento), numa representação em um nível mais alto e um pouco mais abstrato. Com a composição suficiente dessas transformações, funções muito complexas podem ser aprendidas.[146]

---

146 Original em inglês: "*Conventional machine-learning techniques were limited in their ability to process natural data in their raw form. For decades, constructing a pattern-recognition or machine-learning system required careful engineering and considerable domain expertise to design a feature extractor that transformed the raw data (such as the pixel values of an image) into a suitable internal representation or feature vector from which the learning subsystem, often a classifier, could detect or classify patterns in the input. [/] Representation learning is a set of methods that allows a machine to be fed with raw data and to automatically discover the representations needed for detection or classification. Deep-learning methods are representation-learning methods with multiple levels of representation, obtained by composing simple but non-linear modules that each transform the representation at one level (starting with the raw input) into a representation at a higher, slightly more abstract level. With the composition of enough such transformations, very complex functions can be learned.*"

Eles sintetizam a ideia dizendo que "O aspecto chave do *deep learning* é que essas camadas de características não são desenvolvidas por engenheiros humanos: elas são aprendidas a partir de dados por um procedimento de aprendizado para fins gerais". Segundo eles, esse novo tipo de inteligência artificial já se mostrou bastante eficiente em descobrir estruturas intricadas em dados de alta dimensão e, por isso, é aplicável em diversos campos científicos, de modo que já vem sendo utilizado no reconhecimento de imagem, voz, predição de moléculas de drogas, análise de dados de aceleradores de partículas, reconstrução de circuitos cerebrais, predição de doenças etc., e já mostrava resultados promissores para entender linguagem natural, análise de sentimentos, respostas a questionamentos e tradução de idiomas.

Ainda, os autores[147] anteveem a expansão da aplicação de *deep learning* em campos de visão (identificação e classificação) e linguagem, o que sugere o foco em interatividade com seres humanos, para além das aplicações em diversas áreas da ciência. Esses exemplos parecem pouco tangíveis, por serem muito complexos.

Uma ilustração mais palpável talvez seja o AlphaZero, computador da Google que, por meio de *deep learning*, tornou-se o melhor "enxadrista" da História em apenas quatro horas de processamento, tendo somente as regras do jogo em seu repertório, sem um banco de dados de partidas humanas ou de outros computadores, como normalmente operam os softwares de xadrez de alto desempenho. O Grande Mestre[148]

---

147 Idem, op. cit., p. 442.

148 Segundo o Grande Mestre brasileiro Rafael Leitão, que explica sobre o título que ostenta: "O mais alto título internacional de xadrez que um jogador pode alcançar não é nada fácil de se obter. Para se tornar um Grande Mestre reconhecido pela FIDE é necessário ter um mínimo de 2.500 pontos de rating, além de conquistar três normas em competições de Grandes Mestres Internacionais que tenham contado com, pelo menos, dois competidores estrangeiros. Em cada evento em que as normas

de xadrez Peter Heine Nielsen disse: "Eu sempre imaginei como seria se uma espécie superior pousasse na Terra e nos mostrasse como ela joga xadrez. Agora eu sei"[149].

Portanto, a capacidade de processamento de dados já atingiu um patamar inimaginável no século XX. O xadrez é uma miniatura de que a inteligência artificial se comporta como "uma espécie superior" — obviamente não é um ser autônomo, mas um superdimensionamento da capacidade humana: o jogo é humano, com regras humanas e o robô foi criado por humanos, com parâmetros humanos, de modo que mesmo que um dia robôs criem outros robôs que criem outros robôs, os últimos serão sempre fruto da abstração humana.

Contudo, é fato: os olhos da modernidade e do industrialismo não acompanharão as mudanças. E o deslumbramento com as possibilidades que a supercapacidade de processamento de dados pode provocar não deve ser uma distração às tensões sociais, políticas e culturais inerentes à sociedade e seus respectivos conflitos de interesse. Entretanto, antes dessa discussão, cuida-se de analisar um elemento que, aliado ao *deep learning* (e aos possíveis "*learnings*" que possam surgir), tende a trazer uma influência muito significativa a alguns atores, *players*, no jogo político em todo o mundo: a quantidade de dados, matéria-prima, disponível. Barreto Junior traz uma definição Cukier e Mayer-Schönberger, segundo os quais:

---

forem conquistadas, o 'rating performance' tem que, obrigatoriamente, ser superior a 2600 pontos." Fonte: LEITÃO, Rafael. *Quais as principais titulações no xadrez?*. RafaelLeitão.com, [S. d.]. Disponível em: <https://rafaelleitao.com/titulacoes-xadrez/>. Acesso em 14 out. 2019.

149 GOOGLE's 'superhuman' DeepMind AI claims chess crown. *BBC*. 6 dez. 2017. Disponível em: <https://www.bbc.com/news/technology-42251535>. Original em inglês: "'I always wondered how it would be if a superior species landed on earth and showed us how they played chess,' Peter Heine Nielsen told the BBC. [/] 'Now I know.'"

> *Big Data* é a tecnologia capaz de processar e analisar estatisticamente qualquer tipo e volume de dados – estruturados ou não – como textos, áudios, vídeos, cliques, registros, imagens e outros. Big Data é mais do que apenas uma questão de tamanho: é uma oportunidade de descobrir insights em novos tipos de dados e conteúdo, para tornar o seu negócio mais ágil.[150]

Barreto Junior ainda explica que "Quanto maior a quantidade de dados analisados, torna-se mais elevada a probabilidade estatística de acerto da resposta". Sagiroglu e Sinanc[151] conceituam o *Big Data*:

> *Big Data* [dados grandes] é um termo para conjuntos de dados massivos com estrutura ampla, mais variada e complexa, com dificuldades de armazenamento e visualização para processos e resultados supervenientes. O processo de pesquisa em grandes quantidades de dados revela padrões ocultos e correlações secretas chamadas *Big Data analytics* [análise de dados grandes]. Essas informações são úteis para empresas ou organizações por ajudarem a obter *insights* [ideias] mais ricos e profundos e obter vantagem competitiva. Por esse motivo, implementações de *Big Data* precisam ser analisadas e executadas com a maior precisão possível.[152]

---

150 CUKIER; MAYER-SCHÖNBERGER, 2012 apud BARRETO JUNIOR, 2018, p. 6.
151 SAGIROGLU, Seref; SINANC, Duygu. Big data: a review. *International Conference on Collaboration Technologies and Systems (CTS)*. [S. l.], 2013, p. 42. Disponível em: <https://ieeexplore.ieee.org/abstract/document/6567202>.
152 Original em inglês: "*Big data is a term for massive data sets having large, more varied and complex structure with the difficulties of storing, analyzing and visualizing for further processes or results. The process of research into massive amounts of data to reveal hidden patterns and secret correlations named as big data analytics. These useful informations for companies or organizations with the help of gaining richer and deeper insights and*

Os autores apontam que o Instituto Global McKinsey (*McKinsey Global Institute*) especificou cinco principais campos potenciais para o uso de *Big Data*: saúde, setor público, varejo, manufatura (indústria) e dados de localização pessoal[153]. Eles concluem seu artigo dizendo que "a privacidade e segurança do *big data* são o grande problema que será discutido no futuro"[154].

Segundo as informações colhidas nesta pesquisa, parece que estão conjugados hoje o *Big Data*, enorme acervo de *informação*, e a supercapacidade de processamento de dados, atualmente pelo método de *deep learning*. Quantidade de informação e capacidade de utilizá-la sobre-humanas. E tudo isso está nas mãos daqueles mesmos atores-chave da *web*, motores de busca, como o Google, e redes sociais, como o Facebook, por exemplo, que esteve intimamente envolvido com as influências em processos eleitorais recentes.

Eis um ponto crítico desta pesquisa: a elevada concentração de poder informacional, que compreende quantidade e processamento de dados, sobretudo de dados pessoais, destoa da igualdade de condições entre atores no cenário político e da própria democracia. Harari[155] é enfático:

> Nas últimas décadas foi dito às pessoas em todo o mundo que o gênero humano está no caminho da igualdade, e que a globalização e as novas tecnologias nos ajudarão a chegar lá mais cedo. Na verdade, o sé-

---

getting an advantage over the competition. For this reason, big data implementations need to be analyzed and executed as accurately as possible."

153 Idem, p. 43.
154 Idem, p. 47. Original em inglês: "*privacy and security of the big data is the big issue will be discussed more in future*".
155 HARARI, Yuval Noah. *21 lições para o século XXI*. São Paulo: Companhia das Letras, 2018, p. 102.

culo XXI poderia criar a sociedade mais desigual da história. Embora a globalização e a internet representem pontes entre as lacunas que existem entre os países, elas ameaçam aumentar a brecha entre as classes, e, bem quando o gênero humano parece estar prestes a alcançar unificação global, a espécie em si mesma pode se dividir em diferentes castas biológicas.
[...]
[...] o surgimento da IA [inteligência artificial] pode extinguir o valor econômico e a força política da maioria dos humanos.

Harari segue com um dos questionamentos centrais deste capítulo: "Quem é o dono dos dados?", ao que afirma:

> Se quisermos evitar a concentração de toda a riqueza e de todo o poder nas mãos de uma pequena elite, a chave é regulamentar a propriedade dos dados. Antigamente, a terra era o ativo mais importante no mundo, a política era o esforço por controlar a terra, e se muitas terras acabassem se concentrando em poucas mãos – a sociedade se dividia em aristocratas e pessoas comuns. Na era moderna, máquinas e fábricas tornaram-se mais importantes que a terra, e os esforços políticos focam-se no controle desses meios de produção. Se um número excessivo de fábricas se concentrasse em poucas mãos – a sociedade se dividiria entre capitalistas e proletários. Contudo, no século XXI, os dados vão suplantar tanto a terra quanto a maquinaria como o ativo mais importante, e a política será o esforço por controlar o fluxo de dados. Se os dados se concentrarem em muito poucas mãos – o gênero humano se dividirá em espécies diferentes.[156]

---

156 HARARI, 2018, p. 107.

O autor fala em espécies humanas distintas por crer que o tratamento de dados na área da biotecnologia tende a levar a avanços que criarão diferentes *castas biológicas*, divisão pela qual haverá pessoas sem acesso à saúde básica, enquanto outras terão verdadeiras melhorias biológicas, e não apenas tratamentos, remédios etc. Harari vai além das constatações que a academia começa a fazer acerca do tratamento de dados para dizer que:

> No longo prazo, ao reunir informação e força computacional em quantidade suficiente, os gigantes dos dados poderão penetrar nos mais profundos segredos da vida, e depois usar esses conhecimentos não só para fazer escolhas por nós ou nos manipular, mas também na reengenharia da vida orgânica e na criação de formas de vida inorgânicas.[157]

O autor sustenta a necessidade de se estabelecer uma iniciativa global no sentido de manter os processos democráticos e não deixa de dizer que mesmo os grandes agentes de dados, como o Facebook, teriam papel central nisso. Ele já tratou desse tema em obra anterior,[158] na qual sustentou que o dataísmo[159] "faz ruir a barreira entre animais e máquinas com a expectativa de que, eventualmente, os algoritmos eletrônicos decifrem e superem os algoritmos bioquímicos" e, ainda, que "se as condições de processamento de dados mudarem novamente no século XXI, a democracia poderá declinar e até

---

157 Idem, p. 108.
158 HARARI, Yuval Noah. *Homo deus*: uma breve história do amanhã. São Paulo: Companhia das Letras, 2016, p. 370.
159 O dataísmo consistiria, para o autor, numa religião dos dados digitais, elementos que são tratados, hoje, como *a resposta* para todas as questões da humanidade.

mesmo desaparecer"¹⁶⁰. Mesmo sobre o exemplo das eleições presidenciais nos Estados Unidos e do *Brexit* — e, portanto, sem saber do vazamento de dados pessoais e sua utilização para esses fins —, o historiador destacou que:

> O poder está sendo afastado deles [eleitores], mas não sabem ao certo para onde foi. Na Grã-Bretanha imaginam que o poder pode ter migrado para a União Europeia, e por isso votam Brexit. Nos Estados Unidos os eleitores imaginam que o 'establishment' monopoliza todo o poder, por isso apoiam candidatos antiestablishment, como Bernie Sanders e Donald Trump. A triste verdade é que ninguém sabe para onde foi o poder. O poder, definitivamente, não voltará para os eleitores comuns se a Grã-Bretanha deixar a EU ou se Trump assumir a Casa Branca.¹⁶¹

As preocupações do autor levam o problema desta pesquisa a um patamar que não se pretende abordar aqui, porque, naturalmente, demandaria estudo mais extenso. Entretanto, seus apontamentos sobre as interfaces entre *poder* e *informação* coadunam as informações levantadas até aqui e, ao mesmo tempo, ampliam o horizonte. Outro autor que demonstra inquietações em relação ao que a Sociedade da Informação ainda nos reserva é Morozov,¹⁶² segundo o qual:

> Além de tornar nossa vida mais eficiente, esse mundo inteligente nos apresenta uma opção política empolgante. Se tanto do nosso comportamento cotidiano já foi capturado, analisado e manipulado, por que deveríamos

---

160 Idem, p. 376.
161 HARARI, 2016, p. 378.
162 Op. cit., p. 84.

nos deter nas abordagens não empíricas da regulação? Por que confiar em leis, se podemos contar com sensores e mecanismos de retroalimentação? Se as intervenções políticas devem ser – para fazer uso das expressões da moda – 'baseadas em evidências' e 'voltadas para resultados', a tecnologia está aqui para ajudar.

Esse novo tipo de governança tem nome: regulação algorítmica. O programa político do Vale do Silício se baseia nessa regulação. Tim O'Reilly, um editor de tecnologia influente, investidor de risco e homem de ideias (é o responsável pela difusão do termo 'Web 2.0'), tem sido o seu promotor mais entusiasta. Em um ensaio, O'Reilly defende de maneira intrigante as virtudes da regulação algorítmica – uma defesa que merece um exame mais apurado tanto pelo que promete aos formuladores de políticas como pelos pressupostos simplistas que evidencia a respeito da política, da democracia e do poder.

Morozov sustenta que o movimento de difusão dos objetos inteligentes (a chamada internet das coisas ou, em inglês, *IOT — Internet of Things*) — e isso também é aventado por Harari —, traria uma crescente interseção entre mundo físico e o virtual, de modo que o *aprendizado das máquinas* seria aperfeiçoado e, por isso, daria condições à chamada regulação algorítmica, mais eficiente que o direito historicamente construído, fruto da abstração humana direta.

De novo, não se pode esquecer que técnica e política são indissociáveis. A tecnocracia interessa a quem? A quem deter informação e capacidade de processamento. E isso, ao que parece, já superou o mero interesse e começa a se solidificar enquanto possibilidade de efetiva prevalência de interesses privados de quem possa usar a informação a seu favor. Daí porque o tratamento de dados pessoais transcende a privacidade individual para ser uma importante fonte de recursos de poder e influência.

Quais evidências levam a crer que o prejuízo decorrente das influências dos gigantes dos dados afeta a todos, de modo que isso não se resume a uma questão individual de direito à privacidade ou de autodeterminação informacional? Qual papel tende a ser desempenhado pela proteção de dados daqui adiante? Essas são algumas questões às quais o próximo capítulo tentará contribuir.

3 Proteção de dados pessoais: direito metaindividual

Os capítulos anteriores trouxeram informações importantes à compreensão global da proteção de dados, porque esta pesquisa pretende, ainda que de forma tenra, trazer a lume questões que fogem aos textos normativos, mas são essenciais à sua compreensão. Isso visa a atender a preceitos da Teoria do Direito segundo os quais a interpretação da norma jurídica compreende critérios que vão além dos dispositivos escritos, positivados expressamente no ordenamento — a pesquisa pretende, assim, fornecer parâmetros que sirvam a interpretações histórica, teleológica e sociológica,[163] por meio de uma metodologia jurídico-sociológica, conforme exposto na introdução.

O primeiro capítulo expôs um referencial histórico que compreende as transformações sociais que levaram ao reconhecimento do direito à privacidade e sua evolução ao ponto de compreender a proteção de dados pessoais. O segundo capítulo tratou da Sociedade da Informação e de como a coleta e o tratamento de dados pessoais ocorrem, observando referenciais que denotam a provável permanência e intensificação desse fenômeno.

---

163 Segundo Siqueira Junior, "A interpretação histórica investiga as condições históricas do momento da elaboração da norma (*occasio legis*), através dos próprios antecedentes da norma, como sua justificativa, exposição de motivos etc., e, ainda, elementos históricos remotos (*origo legis*). A interpretação sociológica verifica a adaptação da lei à realidade e necessidade social, ou seja, o sentido social da norma. [...] A interpretação teleológica investiga a finalidade da norma, o que busca servir ou tutelar. É a investigação do fim ou da razão de ser da lei. Fonte: SIQUEIRA JUNIOR, Paulo Hamilton. *Teoria do Direito*. 4 ed. São Paulo: Saraiva, 2017. p. 147.

Agora, este terceiro capítulo tentará (i) elucidar o paradigma atual[164] da proteção de dados pessoais no Brasil, compreendendo diferentes categorias normativas e algumas abordagens doutrinárias, (ii) expor conceitos de interesses metaindividuais e (iii), para além da tímida previsão da LGPD, defender que uma mudança do status do consentimento e da defesa de interesses metaindividuais no direito brasileiro pode ser pertinente ao tema, como forma de levantar algumas hipóteses que podem se mostrar adequadas à proteção de dados pessoais.

3.1 Estágio atual da proteção de dados pessoais no País

Levando em conta o contexto do ordenamento e da hierarquia nele presente, devem-se interpretar as regras de proteção de dados, logicamente, de acordo com a Constituição Federal e as demais disposições que lhes sejam inferiores. O artigo 5º, incisos X a XII da Constituição Federal de 1988[165] dispõe:

> Art. 5º Todos são iguais perante a lei, sem distinção de qualquer natureza, garantindo-se aos brasileiros e aos estrangeiros residentes no País a inviolabilidade do direito à vida, à liberdade, à igualdade, à segurança e à propriedade, nos termos seguintes:
> [...]

---

164 Por atual, leia-se pelo panorama normativo, e não ao imediatamente eficaz, haja vista que a abordagem aqui tentará observar os parâmetros dogmáticos da legislação, e não a produção concreta de seus efeitos, que somente será aferível cientificamente após sua entrada em vigor, vencido o período de *vacatio legis* da LGPD.

165 BRASIL. *Constituição da República Federativa do Brasil de 1988*. 5 out. 1988. Disponível em: <http://www.planalto.gov.br/ccivil_03/constituicao/constituicao.htm>. Acesso em 25 set. 2019.

> X - são invioláveis a intimidade, a vida privada, a honra e a imagem das pessoas, assegurado o direito a indenização pelo dano material ou moral decorrente de sua violação;
> XI - a casa é asilo inviolável do indivíduo, ninguém nela podendo penetrar sem consentimento do morador, salvo em caso de flagrante delito ou desastre, ou para prestar socorro, ou, durante o dia, por determinação judicial;
> XII - é inviolável o sigilo da correspondência e das comunicações telegráficas, de dados e das comunicações telefônicas, salvo, no último caso, por ordem judicial, nas hipóteses e na forma que a lei estabelecer para fins de investigação criminal ou instrução processual penal;

A citação direta do artigo pode ser exaustiva e para alguns leitores até mesmo desnecessária, mas ajuda a ilustrar sua relação com a evolução histórica da privacidade.[166] É possível afirmar, nesse sentido — e guardadas as proporções —, que o inciso X inspira-se na perspectiva abordada por Warren e Brandeis, ao passo que o XI compreende a noção clássica da *common law* de que a casa é o castelo do homem e o XII, o sigilo documental, presente nas decisões judiciais estadunidenses do século XIX, conforme já exposto anteriormente.

Esses direitos estão positivados nas chamadas cláusulas pétreas[167] constitucionais e prestigiam valores como a liberdade individual, por exemplo. A privacidade, portanto, é um dos direitos que norteiam a valoração dos demais, pelo que suas restrições têm respaldo, quando existentes, em outros direitos que lhe

---

166 Vide capítulo 1.

167 "Trasladando a etimologia da palavra para o campo constitucional, *cláusula pétrea* é aquela insuscetível de mudança formal, porque consigna o *núcleo irreformável* da constituição." Fonte: BULOS, Uadi Lammêgo. *Curso de direito constitucional.* 11 ed. São Paulo: Saraiva, 2018, p. 417.

possam ser conflitantes e hierarquicamente equivalentes, como o direito à informação, por exemplo.

Tendo esse prisma irradiando sobre as demais normas do ordenamento jurídico, deve-se ter especial atenção à Lei 13.709/2018 (Lei Geral de Proteção de Dados Pessoais — LGPD) e, embora a proteção de dados não seja necessariamente relacionada à rede mundial de computadores, à Lei 12.965/2014, popularmente conhecida como Marco Civil da Internet.

A Lei 12.965/2014 prevê em seu artigo 3º, II e III, respectivamente, a proteção da privacidade e dos dados pessoais. A literalidade normativa, portanto, diferencia uma coisa da outra. O artigo 7º assegura ao usuário, conforme seus incisos:

(I) a inviolabilidade da intimidade e da vida privada;

(II e III) sigilo das comunicações e seus respectivos fluxos;

(VI) dever de informação de fornecedores — o que tem relação com o consentimento;

(VII) vedação de compartilhamento de dados pessoais a terceiros, salvo mediante consentimento do usuário;

(VIII) informação sobre coleta e tratamento de dados pessoais;

(IX) consentimento para coleta de seus dados pessoais;

(X) direito à exclusão dos dados;

(XIII) aplicações das normas do CDC aos fatos jurídicos ocorridos na internet.

Os incisos não mencionados aqui têm relação com questões técnicas da rede, qualidade de acesso, estabilidade etc. Percebe-se, nesse sentido, que as garantias previstas aos usuários, quando da edição do Marco Civil (portanto, anteriormente à LGPD), já vislumbravam a primazia da privacidade e da proteção de dados pessoais, embora não houvesse um sistema competente para isso. Assim, dos treze incisos do artigo 7º, nove têm relação direta com essa garantia.

Uma questão debatida à época foi a óbvia repetição de direitos. Dizer que ao usuário é garantida a "aplicação das normas de proteção e defesa do consumidor nas relações de consumo realizadas na internet" (art. 7º, XIII, da Lei 12.965/2014) é, sob o ponto de vista lógico-sistemático do ordenamento, desnecessário:

> Ora, a Constituição, em cláusula pétrea, nos assegura a privacidade. O legislador, por sua vez, edita uma lei e nos diz que temos este direito também na internet. É o mesmo que dizer que temos o direito à vida também na nossa casa. Não faz qualquer sentido, ao menos sob a lógica jurídico-sistemática, repetir um direito que não pode sequer ser reformado. Nem se diga, quanto a isso, que a jurisprudência, que antes tinha posicionamentos esparsos, passa a ficar adstrita ao texto legal, que agora é expresso e inequívoco, porque o entendimento firmado pelos tribunais é dinâmico e pode caminhar a entendimentos diversos.[168]

Sobre este particular, Barreto Junior, Sampaio e Gallinaro sustentam que:

> Sem olvidar a existência dos princípios constitucionais da razoabilidade e da proporcionalidade, motivação do nosso estudo, o Marco Civil da Internet nos faz levantar o seguinte debate: se os princípios fossem suficientes, talvez não se tivesse pensado em inovar o ordenamento, repetindo-se diversos elementos já previstos consti-

---

168 BARRETO JUNIOR; SAMPAIO; GALLINARO, op. cit., p. 127.

tucionalmente, mas também acrescentando direitos às pessoas, ainda que não se possa efetivá-los em sua integralidade. Parece-nos que o legislador brasileiro tem por hábito garantir direitos que não são garantidos à população, principalmente à parcela mais pobre dos cidadãos.[169]

É importante notar que o Marco Civil tem três pilares[170]: a neutralidade da rede, privacidade dos usuários e liberdade de expressão:

> Com relação à proteção da privacidade dos usuários é estabelecido pelo art. 3º que a privacidade ganha o status de ser um dos princípios do uso da Internet no Brasil. Já no art. 7º, dentre os direitos dos usuários temos o direito à inviolabilidade da intimidade e da vida privada.[171]

Delineadas essas considerações, deve-se analisar, então, a LGPD, mesmo porque, pela época em que foi editada e por ser norma especial, é ela que norteará a proteção de dados pessoais no País quando entrar em vigor. Essa nova lei foi inspirada pelo Regulamento Geral de Proteção de Dados (RGPD) da União Europeia:

> A liderança do debate sobre o tema [proteção de dados pessoais] surgiu na União Europeia (UE), em especial com o partido The Greens, e se consolidou na promulgação do Regulamento Geral de Proteção de Dados Pessoais Europeu n. 679, aprovado em 27 de

---

169 Idem, p. 121.
170 GUERRA FILHO, Willis Santiago; CARNIO, Henrique Garbelini. Metodologia jurídica político-constitucional e o Marco Civil da Internet: contribuição ao direito digital. In: MASSO, Fabiano del; ABRUSIO, Juliana; FLORÊNCIO FILHO, Marco Aurélio (coord). *Marco Civil da Internet*: Lei 12.965/2014. São Paulo: Revista dos Tribunais, 2014, p. 24.
171 Idem.

abril de 2016 (GDPR[172]), com o objetivo de abordar a proteção das pessoas físicas no que diz respeito ao tratamento de dados pessoais e à livre circulação desses dados, conhecido pela expressão "free data flow". O Regulamento trouxe a previsão de dois anos de prazo de adequação, até 25 de maio de 2018, quando se iniciou a aplicação das penalidades.

Este, por sua vez, ocasionou um 'efeito dominó', visto que passou a exigir que os demais países e as empresas que buscassem manter relações comerciais com a UE também deveriam ter uma legislação de mesmo nível que o GDPR. Isso porque o Estado que não possuísse lei de mesmo nível passaria a poder sofrer algum tipo de barreira econômica ou dificuldade de fazer negócios com os países da UE. Considerando o contexto econômico atual, esse é um luxo que a maioria das nações, especialmente as da América Latina, não poderia se dar.[173]

Embora a economia seguramente não seja o único fator que levou à edição da LGPD no Brasil, certamente ela é, sim, importante, conforme expõe a autora acima. Segundo ela própria,[174] "A LGPD surge com o intuito de proteger direitos fundamentais como privacidade, intimidade, honra, direito de imagem, e dignidade.", mas acrescenta que:

> a atuação das empresas no contexto digital trouxe consigo a necessidade de criação de mecanismos de regulação e proteção de dados daqueles que utilizam serviços,

---

172 Embora a língua portuguesa seja um dos idiomas oficiais da União Europeia, é comum verificar na doutrina brasileira a sigla em inglês *GDPR — General Data Protection Regulation*.

173 PINHEIRO, Patrícia Peck. *Proteção de dados pessoais*: comentários à Lei n. 13.709/2018 (LGPD). São Paulo: Saraiva, 2018, p. 18.

174 Op. cit., p. 49.

compras ou realizam qualquer tipo de transação *on-line* que envolve o fornecimento de informações pessoais.[175]

Logo, depreendem-se dois aspectos, já tratados nos capítulos anteriores desta pesquisa: interesse de mercado e proteção de direitos individuais. É indiscutível, entretanto, que ambas não têm o mesmo nível de proteção — é o mercado quem deve se adaptar à proteção de dados, e não o contrário.

Sustentar qualquer coisa em sentido diverso, com chavões do senso comum de que a proteção de dados poderia inviabilizar os negócios ou impactar negativamente a economia seria um erro não só do plano prático — da mesma maneira, o CDC elevou a confiança do público consumidor, melhorando as práticas do comércio, em vez de onerar demasiadamente os fornecedores, por exemplo —, mas dogmático, porque o próprio nome da lei é Lei Geral de Proteção de Dados Pessoais e seu artigo 1º estabelece o objetivo de "proteger os direitos fundamentais de liberdade e de privacidade e o livre desenvolvimento da pessoa natural".

Além disso, a LGPD estabelece fundamentos, em seu artigo 2º, compreendendo o respeito à privacidade; a autodeterminação informacional; liberdade de expressão; intimidade, honra e imagem; desenvolvimento econômico e tecnológico e inovação; livre iniciativa, livre concorrência e defesa do consumidor; direitos humanos, da personalidade e dignidade.

É visível, nesse diapasão, o esforço do legislador para adequar os diferentes interesses em torno da questão dos dados: quem quer coletar e tratar, de um lado, e quem quer proteger, de outro — não como polos ou partes opostas, mas simplesmente por haver, como é inerente à política por trás de toda norma, altercações ideológicas e conflitos de interesse entre diferentes grupos.

---

175 Idem.

A Lei estrutura-se em dez capítulos, assim distribuídos: disposições preliminares; tratamento de dados pessoais; direitos do titular; tratamento dos dados pessoais pelo poder público; transferência internacional de dados; agentes de tratamento de dados pessoais; segurança e boas práticas; fiscalização; Autoridade Nacional de Proteção de Dados (ANPD) e Conselho Nacional de Proteção de Dados Pessoais e da Privacidade; e disposições finais e transitórias.

A LGPD é menos extensa que o RGPD, no qual o legislador inspirou-se para editá-la, a exemplo de não conter os 173 "considerando" da norma europeia. No entanto, há influências inclusive na técnica legislativa, como, por exemplo, o artigo 5º da LGPD, que conceitua detalhadamente expressões nela compreendidas (o que já ocorrera com o Marco Civil da Internet, mas, na nova lei, houve maior compromisso para a clareza de termos técnicos, o que tende a sanar eventuais dúvidas futuras).

Contudo, ela não deixa de ser uma norma extensa, cuja análise técnica para apreensão e aplicação já enseja obras mais longas que este livro, pelo que esta pesquisa não poderá deixar de ignorar algumas de suas particularidades.

Feito este breve esclarecimento, é particularmente importante para o presente levantamento observar (i) as disposições preliminares, algumas das quais já foram tratadas anteriormente, (ii) requisitos para o tratamento de dados pessoais, (iii) alguns direitos dos titulares de dados e (iv) responsabilidade e ressarcimento de danos, sem prejuízo da abordagem de demais previsões.

Entre as disposições preliminares, já foram expostos o objetivo e os fundamentos da Lei (artigos 1º e 2º). O art. 3º compreende a aplicação territorial das suas disposições. O art. 4º, as exceções à sua aplicação:

> Art. 4º Esta Lei não se aplica ao tratamento de dados pessoais:
> I – realizado por pessoa natural para fins exclusivamente particulares e não econômicos;

II – realizado para fins exclusivamente:
jornalístico e artísticos; ou
acadêmicos, aplicando-se a esta hipótese os arts. 7º e 11 desta Lei;
III – realizado para fins exclusivos de:
segurança pública;
defesa nacional;
segurança do Estado;
atividades de investigação e repressão de infrações penais; ou
IV - provenientes de fora do território nacional e que não sejam objeto de comunicação, uso compartilhado de dados com agentes de tratamento brasileiros ou objeto de transferência internacional de dados com outro país que não o de proveniência, desde que o país de proveniência proporcione grau de proteção de dados pessoais adequado ao previsto nesta Lei.

As exceções provocam reflexão. Pinheiro[176] sustenta que:

> A delimitação da aplicabilidade da lei em relação aos tipos de dados que são considerados regulados pela LGPD demonstra que o tratamento de dados pessoais deve seguir um propósito certo e funcional, mas que não supere a liberdade de informação e expressão, a soberania, segurança e a defesa do Estado. Da mesma forma, o uso doméstico com fins não econômicos não recebe a aplicação da lei, tendo em vista que um dos focos de ação do dispositivo é regular as atividades cujo objetivo seja a oferta ou o fornecimento de bens ou serviços.
> Essa restrição do campo de alcance contribui para reduzir os impactos econômicos e sociais, visto que há elevados custos na implementação das exigências trazidas pela

---

176 Op. cit., p. 57.

legislação de proteção de dados pessoais. Além disso, há sempre necessidade de equilibrar a proteção da privacidade (como um direito individual) e a proteção da segurança pública (como um direito coletivo), especialmente diante da obrigação de fortalecer o combate ao crime organizado, à fraude digital e ao terrorismo.

A autora pontua, portanto, que a proteção de dados não deve "superar" a liberdade de informação e expressão (fins jornalísticos, artísticos e acadêmicos) nem a soberania, segurança ou defesa do Estado (inciso III). O fundamento para isso, segundo ela, seria "reduzir os impactos econômicos e sociais" provenientes da aplicação da Lei.

Não se pode olvidar, nesse sentido, que a única exceção à qual o legislador incumbe a observação dos artigos 7º e 11 é a do tratamento de dados pessoais para fins de pesquisa (art. 4º, II, b, LGPD). Nesse caso, então, mesmo que não se apliquem as demais disposições da legislação, quem realizar essa prática está obrigado a observar uma das dez hipóteses que autorizam a coleta e o tratamento de dados (art. 7º) ou aquelas especiais do artigo 11 para tratamento de dados sensíveis.[177]

---

[177] A lei define essa categoria, em seu artigo 5º, II: "dado pessoal sensível: dado pessoal sobre origem racial ou étnica, convicção religiosa, opinião política, filiação a sindicato ou a organização de caráter religioso, filosófico ou político, dado referente à saúde ou à vida sexual, dado genético ou biométrico, quando vinculado a uma pessoa natural". É interessante notar que essa concepção tem seu berço na Europa e é anterior inclusive à Diretiva 46 de 1995, que inspirou o RGPD. Exemplo disso é a previsão que se encontra no artigo 35.º, 2, da Constituição da República Portuguesa de 1976: "A informática não pode ser usada para tratamento de dados referentes a convicções políticas, fé religiosa ou vida privada, salvo quando se trate do processamento de dados não identificáveis para fins estatísticos." O rol é, naturalmente, exemplificativo, e compreende as informações que tenham o potencial imediato de ensejar discriminação de qualquer natureza ao seu titular. É interessante notar que esse mesmo artigo prevê a exceção para fins acadêmicos, quando anonimizados — a anonimização está

Nesse sentido, a conclusão inafastável da interpretação do artigo 4º é que, conforme o inciso III, o Estado, em nome da segurança (em sentido lato), terá amplos poderes de coleta e tratamento de dados pessoais, que não dependerão de quaisquer critérios estabelecidos pela Lei (consentimento e outras hipóteses do artigo 7º).

Se por um lado há quem sustente que isso atende ao necessário equilíbrio entre privacidade e segurança pública, do Estado etc. (o que se estende à clássica dicotomia entre liberdade e segurança, claramente descrita por Bauman[178]), por outro, não se ignora que diversos direitos hoje "inquestionáveis" foram relativizados — ou mesmo completamente ignorados — no fim do século XIX ou ao longo do século XX[179]. Observadas essas exceções, devem-se analisar os requisitos legais para o tratamento de dados pessoais, dispostos no artigo 7º da LGPD.

> Art. 7º O tratamento de dados pessoais somente poderá ser realizado nas seguintes hipóteses:
> I - mediante o fornecimento de consentimento pelo titular;
> II - para o cumprimento de obrigação legal ou regulatória pelo controlador;
> III - pela administração pública, para o tratamento e uso compartilhado de dados necessários à execução de políticas públicas previstas em leis e regulamen-

---

prevista no art. 5º, XI, LGPD: "utilização de meios técnicos razoáveis e disponíveis no momento do tratamento, por meio dos quais um dado perde a possibilidade de associação, direta ou indireta, a um indivíduo".

178 "Então minhas conclusões são duas: em primeiro lugar, você nunca encontrará uma solução perfeita para o dilema entre segurança e liberdade. Sempre haverá muito de uma e pouco de outra, certo? E a segunda: você nunca irá parar de procurar essa mina de ouro." Fonte: FRONTEIRAS DO PENSAMENTO. Zygmunt Bauman – Fronteiras do Pensamento. 10 ago. 2011. Disponível em: <https://www.youtube.com/watch?v=POZcBNo-D4A>. Acesso em 28 out. 2016. Momento do vídeo: 25'22".

179 Vide capítulo 1.

tos ou respaldadas em contratos, convênios ou instrumentos congêneres, observadas as disposições do Capítulo IV desta Lei;

IV - para a realização de estudos por órgão de pesquisa, garantida, sempre que possível, a anonimização dos dados pessoais;

V - quando necessário para a execução de contrato ou de procedimentos preliminares relacionados a contrato do qual seja parte o titular, a pedido do titular dos dados;

VI - para o exercício regular de direitos em processo judicial, administrativo ou arbitral, esse último nos termos da Lei nº 9.307, de 23 de setembro de 1996 (Lei de Arbitragem);

VII - para a proteção da vida ou da incolumidade física do titular ou de terceiro;

VIII - para a tutela da saúde, exclusivamente, em procedimento realizado por profissionais de saúde, serviços de saúde ou autoridade sanitária; (Redação dada pela Lei nº 13.853, de 2019).

IX - quando necessário para atender aos interesses legítimos do controlador ou de terceiro, exceto no caso de prevalecerem direitos e liberdades fundamentais do titular que exijam a proteção dos dados pessoais; ou

X - para a proteção do crédito, inclusive quanto ao disposto na legislação pertinente.

O consentimento tem especial destaque na Lei, embora haja equivalência formal entre os incisos do artigo 7º. Barreto Junior e Naspolini[180] sustentam que:

---

[180] BARRETO JUNIOR, Irineu Francisco; NASPOLINI, Samyra Haydêe dal Farra. Proteção de informações no mundo virtual: a LGPD e a determinação do consentimento do titular para tratamento de dados pessoais. *Cadernos Adenauer XX (2019)*, n. 3. Proteção de dados pessoais: privacidade versus avanço tecnológico. Rio de Janeiro: Fundação Konrad Adenauer, out. 2019, p. 147. Disponível em: <https://www.kas.de/documents/265553/265602/Caderno+Adenauer+3+Schutz+

> Na LGPD o consentimento é figura central e aparece em inúmeros artigos, seguindo as previsões pretéritas do Marco Civil da Internet e a tendência mundial de conceder ao cidadão a responsabilidade de resguardar a proteção dos seus dados pessoais.

Para além do consentimento, há nove possibilidades que autorizam a coleta e o tratamento de dados pessoais. Elas compreendem questões tidas por inevitáveis, excepcionando o consentimento para situações que ensejariam discussões desnecessárias e cujo resultado provável seria justamente o positivado na Lei: cumprimento de dever legal (inciso II), execução de contrato (inciso V), entre outras. No entanto, os incisos IX e X demandam especial atenção.

No caso do inciso IX, que trata do legítimo interesse do controlador[181], há uma amplitude preocupante quanto a essa possibilidade, haja vista que a definição legal de *legítimo interesse do controlador* é:

> Art. 10. O legítimo interesse do controlador somente poderá fundamentar tratamento de dados pessoais para finalidades legítimas, consideradas a partir de situações concretas, que incluem, mas não se limitam a:
> I - apoio e promoção de atividades do controlador; e
> II - proteção, em relação ao titular, do exercício regular de seus direitos ou prestação de serviços que o beneficiem, respeitadas as legítimas expectativas dele e os direitos e liberdades fundamentais, nos termos desta Lei.

---

von+pers%C3%B6nlichen+Daten.pdf/476709fc-b7dc-8430-12f1-ba21564cde06?version=1.0&t=1571685012573. Acesso em 10 out. 2019>.

[181] Art. 5, VI, LGPD: "controlador: pessoa natural ou jurídica, de direito público ou privado, a quem competem as decisões referentes ao tratamento de dados pessoais".

> § 1º Quando o tratamento for baseado no legítimo interesse do controlador, somente os dados pessoais estritamente necessários para a finalidade pretendida poderão ser tratados.
> § 2º O controlador deverá adotar medidas para garantir a transparência do tratamento de dados baseado em seu legítimo interesse.
> § 3º A autoridade nacional poderá solicitar ao controlador relatório de impacto à proteção de dados pessoais, quando o tratamento tiver como fundamento seu interesse legítimo, observados os segredos comercial e industrial.

As definições são amplas. O parágrafo primeiro chega a causar estranheza, haja vista que os princípios da finalidade[182] e da necessidade[183], justamente por serem princípios, devem ser sempre observados. A redundância também ocorre no parágrafo segundo, em razão do princípio da transparência (art. 6º, VI, LGPD). Entretanto, essa repetitividade, embora já tenha sido criticada em relação ao Marco Civil,[184] não é, em tese, um problema, pois somente

---

182 Conforme o artigo 6º, I, LGPD: "Art. 6º As atividades de tratamento de dados pessoais deverão observar a boa-fé e os seguintes princípios: / I - finalidade: realização do tratamento para propósitos legítimos, específicos, explícitos e informados ao titular, sem possibilidade de tratamento posterior de forma incompatível com essas finalidades".

183 Conforme o inciso III do artigo 6º: "III - necessidade: limitação do tratamento ao mínimo necessário para a realização de suas finalidades, com abrangência dos dados pertinentes, proporcionais e não excessivos em relação às finalidades do tratamento de dados".

184 Falando sobre esse mesmo fenômeno no Marco Civil da Internet, Tomasevicius Filho diz que "O primeiro ponto a ser observado é a redundância de várias de suas disposições, que repetem, com insuficiência, o que já consta na Constituição Federal. Nenhuma 'ginástica hermenêutica' é capaz de permitir ao operador do direito a obtenção de significado adicional. Por exemplo: o art.5º, X, da Constituição Federal dispõe que: 'X - são invioláveis a intimidade, a vida privada, a honra e a imagem das pessoas, assegurado o direito a indenização pelo dano material ou moral decorrente de sua violação', e o art.7º, I, do Marco Civil da Internet dispõe que é direito dos usuários da internet a: 'I – inviolabilidade da intimidade e da vida privada, sua proteção e indenização pelo dano moral e material decorrente de sua violação'." Fonte:

reforça algo estabelecido em outro artigo. Bioni[185] contribui para a compreensão do legítimo interesse do controlador:

> Historicamente, o legítimo interesse tem sido encarado como a mais flexível das bases legais de tratamento de dados no regime do direito comunitário europeu. Ainda que sob o mesmo nível hierárquico, o legítimo interesse serviria como uma válvula de escape para que as demais bases legais não fossem 'sobrecarregadas'.
> De um lado, sob o ponto de vista de que quatro das bases legais seriam aplicáveis em situações específicas, como a execução de um contrato, de uma obrigação legal e de um interesse público, bem como para a proteção de interesses vitais do titular dos dados. De outro lado, porque, em muitas situações, seria: a) desnecessário coletar novo consentimento para outros usos (implícitos) dentro de uma relação já preestabelecida com o titular; ou b) quando terceiros: b.1) não tivessem meios para obter tal tipo de autorização; ou b.2) esse tipo de interação inviabilizaria o próprio tratamento dos dados.

Percebe-se, portanto, que o *telos* da exceção de acordo com o legítimo interesse coaduna os demais incisos, ou seja, situações que demandem nova coleta ou tratamento de dados (sua reutilização para outro fim). O problema é que isso, pelo estágio atual da legislação, provavelmente será construído pela doutrina e sedimentado jurisprudencialmente, o que pode ter sido, no mínimo, uma perda de oportunidade — se o legislador se inspirou

---

TOMASEVICIUS FILHO, Eduardo. Marco Civil da Internet: uma lei sem conteúdo normativo. *Estudos Avançados*, v. 30, n. 86, pp. 269-285, p. 279. São Paulo, abr. 2016. Disponível em: <http://www.scielo.br/scielo.php?script=sci_arttext&pid=S0103-40142016000100269&lng=en&nrm=iso>. Acesso em 5 nov. 2019.

185 Op. cit., p. 249.

tanto nos europeus, por que não aproveitou essa inspiração também para essa particularidade tão importante da lei? Entretanto, a observação histórica do tratamento desse tema na União Europeia pode nos antecipar os desafios.

> Ao prever o legítimo interesse, a antiga diretiva europeia de proteção de dados não detalhava os critérios para a sua aplicação. Até porque se tratava de um instrumento normativo que estabelecia objetivos gerais, a serem internalizados no direito doméstico de cada um dos seus países-membros do bloco europeu. Diferentemente do Regulamento Europeu de Proteção de Dados Pessoais – GDPR, que se vale de uma técnica normativa mais prescritiva e que tem eficácia imediata por todo o bloco econômico europeu, sem a necessidade de internalização dos seus países-membros.
> Como resultado, ao longo da vigência da diretiva, notou-se, negativamente: a) a ausência de uma aplicação harmônica e consistente de tal base legal entre os países do bloco econômico europeu. Isso porque cada um deles estabeleceu regras e leituras distintas do legítimo interesse; e b) o risco de o âmbito de aplicação das outras bases legais ser esvaziado, na medida em que o legítimo interesse poderia ser visto como aquela menos restritiva que as demais.
> Nessa conjuntura, o Grupo de Trabalho do Artigo 29 acabou por formular uma opinião sobre legítimo interesse que, ao estabelecer critérios para a sua aplicação, tinha por objetivos: a) trazer previsibilidade e segurança jurídica na aplicação dessa base legal em todo o bloco econômico europeu; e b) evitar que o legítimo interesse fosse uma 'porta aberta' para contornar os direitos e princípios da diretiva, em especial as outras bases legais para o tratamento de dados.[186]

---

186 BIONI, op. cit., p. 249. Grifos nossos.

Esses "Considerandos" de que fala Bioni são extensos e refletem a preocupação à época da elaboração do Regulamento após a experiência com a Diretiva anterior[187]. Eles dão conta da compreensão de que o *legítimo interesse do controlador* abarca as *legítimas expectativas do titular* dos dados, o que guarda estreita relação com o *princípio da confiança*[188], além da necessidade de coadunar as demais disposições normativas do Regulamento.

A LGPD, de outro canto, não traz elementos expressos suficientes a construir esse entendimento, pelo que seguramente o RGPD será uma importante fonte de análise da ANPD (Autoridade Nacional de Proteção de Dados), do Ministério Público, Judiciário, entre outros atores.

Retomando a discussão acerca das hipóteses de tratamento a par do consentimento, o artigo 7º, X, LGPD estabelece

---

187 A diferença entre diretiva e regulamento está na vinculação dos Estados-membros da União Europeia. "Um «regulamento» é um ato legislativo vinculativo, aplicável em todos os seus elementos em todos os países da UE. Por exemplo, quando a UE quis garantir a aplicação de medidas comuns de salvaguarda aos produtos importados de fora da UE, o Conselho adotou um regulamento. [...] Uma «diretiva» é um ato legislativo que fixa um objetivo geral que todos os países da UE devem alcançar. Contudo, cabe a cada país elaborar a sua própria legislação para dar cumprimento a esse objetivo. É disso exemplo a Diretiva sobre direitos dos consumidores, que reforça esses direitos em toda a UE através designadamente da eliminação de encargos e custos ocultos na Internet e da extensão do período de que os consumidores dispõem para se retirar de um contrato de venda." Fonte: UNIÃO EUROPEIA. *Regulamentos, diretivas e outros atos legislativos*. [S. d.]. Disponível em: <https://europa.eu/european-union/eu-law/legal-acts_pt>. Acesso em 18 nov. 2019.

188 A confiança integra o conjunto de conceitos parcelares da boa-fé. No direito brasileiro, "O contrato de massa deve ser formado com boa-fé objetiva dos seus negociantes, ante a consagração de tal princípio informativo do negócio jurídico e dos contratos em geral, tanto na lei civil (arts. 113 e 442) como na lei de defesa do consumidor. Substitui-se no direito brasileiro, enfim, a teoria clássica da responsabilidade e boa-fé subjetiva ou psicológica pela *teoria da confiança*, que se assenta, no direito negocial, no princípio da boa-fé objetiva." Fonte: LISBOA, Roberto Senise. *Contratos difusos e coletivos*: a função social do contrato. 4 ed. São Paulo: Saraiva, 2012, p. 186.

como possibilidade a proteção ao crédito. Trata-se de uma inovação do direito brasileiro, sem equivalência no RGPD. É claro que ela é relevante, mesmo porque há importantes políticas públicas relacionadas ao crédito[189] e pode-se pensar inclusive no dia a dia do consumidor, que se vale de cartões de crédito e cheque especial, mediante aprovação prévia da instituição que lhe oferece esses serviços.

Decerto, esse nicho do mercado não funcionaria se não pudesse observar informações pessoais sem consentimento — e a legislação estabelece princípios claros para isso, o que, portanto, não enseja, ao menos no plano abstrato da Lei, o desvio da finalidade, sendo vedada a prática de usar essas informações para fins estranhos àqueles aos quais elas foram coletadas, sob pena de sanções que não são insignificantes[190]. No entanto, essa previsão, assim como a do legítimo interesse, também é ampla. Não há sequer um parágrafo delimitando esse fator, pelo que os contornos da coleta e do tratamento de dados para esse fim tendem a ser construídos a partir da interpretação sistemática da norma.

Feitas essas considerações, é importante levar em conta os direitos dos titulares dos dados, expressos nos artigos 17 a 22 da LGPD.

---

189 "Incluir uma grande massa de pessoas no sistema financeiro nacional passou a ser a tônica principal das políticas públicas de acesso ao crédito nesse período [a partir do primeiro mandato do presidente Luiz Inácio Lula da Silva]. Nos oito anos do governo anterior (FHC), o microcrédito era entendido como um crédito produtivo, capaz de alavancar renda. Neste governo [Lula], o conceito de microcrédito foi expandido para crédito de pequeno valor, produtivo ou não, como já exposto anteriormente, capaz de gerar renda." Fonte: BARONE, Francisco Marcelo; SADER, Emir. Acesso ao crédito no Brasil: evolução e perspectivas. *Revista de Administração Pública*, v. 42, n. 6, Rio de Janeiro, nov./dez. 2008. Disponível em: <http://www.scielo.br/scielo.php?pid=S0034-76122008000600012&script=sci_arttext&tlng=pt>. Acesso em 10 nov. 2019. É importante notar que políticas como essas permanecem, mesmo que sob outros rótulos.

190 Conforme o artigo 52 da LGPD, podem ser aplicadas multas de até R$ 50 mi por infração.

O artigo 17 norteia os subsequentes, pois prevê que "Toda pessoa natural tem assegurada a titularidade de seus dados pessoais e garantidos os direitos fundamentais de liberdade, de intimidade e de privacidade, nos termos desta Lei", o que confirma a extensão da autodeterminação informacional para fins de garantia da privacidade. Os direitos previstos no artigo 18 (confirmação, acesso, correção, eliminação dos dados etc.) têm, todos, natureza individual — afinal, visam a satisfazer, de novo, a **auto**determinação informacional.

Entretanto, vislumbra-se uma previsão tímida, mas salutar, que já abre caminho para uma ampliação significativa da dimensão de proteção de dados:

> Art. 22. A defesa dos interesses e dos direitos dos titulares de dados poderá ser exercida em juízo, **individual ou coletivamente**, na forma do disposto na legislação pertinente, acerca dos **instrumentos de tutela individual e coletiva**. [Grifos nossos].

Essa compreensão ultrapassa a garantia constitucional de direito de acesso à Justiça. Ora, todo o regramento escora-se na noção de autodeterminação informacional, de direitos individuais, mas prevê a possibilidade de que a defesa de interesses e direitos dos titulares poderá ser exercida coletivamente — ainda que, de fundo, haja sempre o consentimento como protagonista. Mais que isso, o artigo 42 estabelece que:

> Art. 42. O controlador ou o operador que, em razão do exercício de atividade de tratamento de dados pessoais, causar a outrem dano patrimonial, moral, individual ou coletivo, em violação à legislação de proteção de dados pessoais, é obrigado a repará-lo.
> [...]
> §3º As ações de reparação por danos coletivos que tenham por objeto a responsabilização nos termos do

caput deste artigo podem ser exercidas coletivamente em juízo, observado o disposto na legislação pertinente. (grifos nossos).

É importante ressaltar, nesse sentido, que o próprio microssistema consumerista já possibilitava essa proteção especial. Sobre questões envolvendo concretamente a privacidade na internet, pode-se recordar do recente caso (ou não tão recente assim, em tempos fluidos) do aplicativo Lulu, disponível para usuárias do Facebook em 2014:

> O diferencial desta rede paralela [Lulu, paralela ao Facebook] é que as suas usuárias mulheres poderiam avaliar e classificar os seus amigos [homens], o que já não é factível na rede social Facebook em razão da ausência de tal funcionalidade.[191]

À época, houve diversas manifestações contrárias e favoráveis ao aplicativo, oscilando sempre entre a inadequação de se avaliar anonimamente outras pessoas e o bom-humor da brincadeira. Entretanto, o que chamou atenção foi o fato de todos os homens usuários da rede estarem sendo avaliados sem saber — a não ser quando recebiam essa informação de alguma usuária, mas nunca da própria rede Facebook ou do app Lulu, que adotava o sistema *opt-out*[192], seguindo uma lógica oposta à que se tem para todo serviço, inclusive na rede:

---

191 BIONI, Bruno Ricardo. O dever de informar e a teoria do diálogo das fontes para a aplicação da autodeterminação informacional como sistematização para a proteção dos dados pessoais dos consumidores: convergências e divergências a partir da análise da ação coletiva promovida contra o Facebook e o Aplicativo "Lulu". *Revista de Direito do Consumidor*, ano 23, v. 94, jul./ago., 2014, p. 310.

192 A regra para o tratamento é o sistema *opt-in*, pelo qual se aceita previamente as condições; no sistema *opt-out*, a manifestação de vontade serve a cessar a relação entabulada entre as partes. A saída, aliás, contava com uma mensagem curiosa:

Com base em frases curtas previamente formatadas e disponibilizadas pelo próprio aplicativo – *hashtags* – do tipo: (a) ele não é um babaca; (b) dá sono ou é mais barato que um pão na chapa; (c) prefere o videogame, permitir-se-ia às mulheres, de forma anônima e privada, classificar e avaliar os homens para viabilizar as citadas decisões inteligentes no âmbito afetivo, colocando 'as garotas no controle'.

Veja-se, portanto, que o funcionamento do aplicativo 'Lulu' somente fora aperfeiçoado pelo *compartilhamento dos dados pessoais* dos usuários do Facebook, mediante a transposição do perfil de uma plataforma para a outra. Em outros termos, o público masculino da rede social não optou, a princípio, por ter um perfil no mencionado aplicativo, tendo havido, simplesmente, a *sincronização* de uma plataforma para a outra.

Houve diversas manifestações à época, inundando as redes sociais, sobre o tal aplicativo Lulu. Homens ensandecidos pela exposição, por não terem sido convidados a participarem da brincadeira etc. expunham sua cólera. A questão não era a

---

"Apenas para entendermos: estamos oferecendo acesso a mais de um milhão de garotas – garotas que estão aqui especificamente para olharem para você, falarem com você e te darem atenção – e você não está interessado. Você tem coisas melhores a fazer. Você preferiria estar em outro lugar. Entendemos. Sério. Isso não soa estranho de modo nenhum." Original em inglês: *"Just so we understand: we're offering you access to more than one million girls – girls who are here specifically to look at you, talk about you, and give you attention – and you're not interested. You have better things to do. You'd rather be somewhere else. We get it. Really. That doesn't sound crazy at all."* Fonte: DIAS, Carol. *Como excluir o perfil no aplicativo Lulu*: passo a passo para os homens que não gostaram da ideia de serem pontuados por suas 'performances'. *Leia Já*, 26 nov. 2013. Disponível em: <https://m.leiaja.com/tecnologia/2013/11/26/como-excluir-o-perfil-no-aplicativo-lulu/>. Acesso em 15 nov. 2019. Segundo essa mesma referência, o app recebia informações sobre perfil público, lista de amigos, endereço de e-mail, relacionamentos, aniversário, histórico educacional, cidade natal, cidade atual e fotos.

proteção de dados. Na prática, não nos preocupamos com a autodeterminação informacional em si, porque isso não nos afeta imediatamente e, quando muito, demanda um estágio de consciência, cidadania e conhecimento técnico incomuns. No entanto, os efeitos do mal-uso dos dados podem causar rápida e colérica indignação[193].

Esse pequeno caos episódico vai exatamente ao encontro de conceitos doutrinários solidificados para a teoria dos contratos (como a confiança, por exemplo, com compreende as legítimas expectativas do contratante — ou consumidor, neste caso). Isso porque, conforme sustentam Barreto Junior e Naspolini[194]:

> No intuito de mitigar essa vigilância extrema, e para que se possa desenvolver um ecossistema de confiança

---

193 "Quem vai rir por último serão os homens. Está em desenvolvimento o Tubby App, que avalia publicamente as meninas, moças, mulheres. É baixaria, do mesmo jeito – ou talvez pior. [...] E, claro, como não poderia deixar de ser em se tratando de homens, o aplicativo mostra o quanto a mulher em questão é 'rodada'. Machista? Muito. Mas o que as moças do Lulu esperavam? [...] Fico imaginando se a Alexandra Chong [criadora do Lulu] achará divertido e seguro quando namoradinhos sacanas e ex-ficantes anônimos a avaliarem no Tubby." Fonte: AQUINO, Ruth de. Homens a Lulu com aplicativo masculino Tubby: Bem-feito. Quem manda as moças avaliarem publicamente o desempenho deles?. *Época*, 28 nov. 2013. Disponível em: <https://epoca.globo.com/colunas-e-blogs/ruth-de-aquino/noticia/2013/11/homens-reagem-lulu-com-baplicativo-masculinob-tubby.html>. Acesso em 15 nov. 2019. Na verdade, pouco tempo depois, saíram notícias dando conta de que o tal app Tubby seria falso, consistindo apenas num protesto de alguns homens que queriam que as mulheres que os avaliavam se sentissem em seu lugar. Fonte: DÍAZ, Isadora. Tubby App é falso: aplicativo protesta contra a exposição da intimidade. *TechTudo*, 6 dez. 2013. Disponível em: <https://www.techtudo.com.br/noticias/noticia/2013/12/falso-app-tubby-faz-parte-de-campanha-contra-objetificacao-de-pessoas.html>. Acesso em 15 nov. 2019.

194 BARRETO JUNIOR, Irineu Francisco; NASPOLINI, Samyra Haydêe dal Farra. Proteção de informações no mundo virtual: a LGPD e a determinação do consentimento do titular para tratamento de dados pessoais. *Cadernos Adenauer XX (2019)*, n. 3. Proteção de dados pessoais: privacidade versus avanço tecnológico. Rio de Janeiro: Fundação Konrad Adenauer, out. 2019.

para as sociedades e suas economias baseadas em dados, é imprescindível respeitar as legítimas expectativas dos usuários (BIONI, 2017), quando são levados a ceder seus dados pessoais em troca das aplicações e serviços. Essas iniciativas são necessárias para preservar direitos muito caros na tradição liberal contemporânea, direitos de proteção do indivíduo contra a violação da sua intimidade pelo *Estado* e, hodiernamente, pelo *Mercado*.

A questão é que a repercussão chegou ao ponto de ensejar uma ação coletiva, ajuizada pelo Ministério Público do Distrito Federal e dos Territórios, contra o Facebook e os desenvolvedores do Lulu, com fundamento no artigo 2º, parágrafo único, e 29 do Código de Defesa do Consumidor, sustentado a necessidade de se assegurar a *autodeterminação informacional* dos *consumidores*.

Não houve julgamento de mérito, pois a própria repercussão do ajuizamento da ação — e do deferimento de pedido de tutela antecipada em sede de agravo de instrumento — foi suficiente à decisão dos desenvolvedores do aplicativo de retirá-lo da rede e suspender seu download pelas internautas[195].

Não é sem razão que a LGPD reforça diversas disposições do CDC — aliás, o mesmo já ocorre com o Marco Civil da Internet, que, quando citado pela jurisprudência, comumente vem acompanhado das normas consumeristas. Isso assenta algo que já seria possível — a tutela de interesses metaindividuais — e afasta possíveis interpretações desfavoráveis ao internauta, que na esmagadora maioria dos casos é consumidor.

---

195 BIONI, Bruno Ricardo. O dever de informar e a teoria do diálogo das fontes para a aplicação da autodeterminação informacional como sistematização para a proteção dos dados pessoais dos consumidores: convergências e divergências a partir da análise da ação coletiva promovida contra o Facebook e o Aplicativo "Lulu". *Revista de Direito do Consumidor*, ano 23, v. 94, jul./ago., 2014, p. 313.

É indubitável que o titular dos dados é hipossuficiente nessa relação e é discutível que ele tenha condições de dispor sozinho sobre suas informações pessoais em toda e qualquer situação. O problema é que, para além disso, conforme já exposto nos capítulos anteriores, mesmo que ele tenha tal capacidade, se não forem bem observados os limites gerais aos agentes de tratamento, poderá colocar em risco toda a coletividade. Já houve uma guinada do *risco do tratamento dos dados* para a sociedade; a questão não se esgota na privacidade do indivíduo.

3.2 Interesses metaindividuais

Para além do dogmatismo puro e acrítico, segundo o qual se poderia reconhecer uma natureza de interesse metaindividual da proteção de dados pela mera previsão dos artigos 22 e 42 da LGPD, é imprescindível compreender (i) o que são interesses jurídicos, (ii) quando eles são metaindividuais e (iii) de que forma a proteção de dados pode se subsumir a esta última categoria. Lisboa[196] pontua que:

> [...] o interesse deve ser jurídico, para que ocorra repercussão no direito, o que equivale dizer, o interesse de *natureza puramente ética* não é suficiente, sendo incabível evocar, sob tal fundamento, a prática de atos a título de exercício do direito subjetivo material (substantivo), ou mesmo, ainda, a tutela jurisdicional, com o exercício do direito subjetivo instrumental (adjetivo ou processual), pelo ajuizamento da demanda respectiva – pois, neste caso, haveria falta de interesse de agir, e, consequentemente, carência da ação.

---

196 LISBOA, Roberto Senise. *Contratos difusos e coletivos*: a função social do contrato. 4 ed. São Paulo: Saraiva, 2012, p. 35.

O que seria, então, um *interesse jurídico*? O autor ressalta o artigo 76 do Código Civil de 1916, cuja disposição previa que "Para propor, ou contestar uma ação, é necessário ter legítimo interesse econômico ou moral", de modo que o interesse "somente será reconhecido pelo direito a partir do instante que gerar repercussão jurídica"[197]. A moralidade por trás do direito consiste, em última instância, no diapasão comum almejado pela sociedade, e não necessariamente num senso moralista questionável de apenas um indivíduo ou pequeno grupo de pessoas, conforme sustenta Reale:[198]

> Realizar o Direito é, pois, realizar os valores de convivência, não deste ou daquele indivíduo, não deste ou daquele grupo, mas da comunidade concebida de maneira *concreta*, ou seja, como uma *unidade de ordem* que possui um valor próprio, sem ofensa ou esquecimento dos valores peculiares às formas de vida dos indivíduos e dos grupos.
> Vários são os elementos que devem coincidir em dada porção ou momento da experiência social para que esta possa adquirir qualificação *jurídica*. É mister, antes de mais nada, uma conexão ou *enlace objetivo*. É o que tem sido expresso de maneiras diversas, mas, no fundo, correspondentes: *constans ac perpetua voluntas*, "vinculação objetiva", "querer entrelaçante", "vontade geral" etc. Se varia, nesse ponto, o entendimento dos termos, por se lhes atribuir, ora sentido psicológico ou sociológico, lógico ou deontológico, o certo é que sempre se reconhece que o Direito não está em função do querer de Fulano ou de Beltrano, mas representa uma exigência do todo coletivo, ou, como diz Wilhelm Dilthey, é um

---

197 Idem, p. 36.
198 REALE, Miguel. *Filosofia do Direito*. 20 ed. São Paulo: Saraiva, 2002, p. 667.

> nexo que se orienta para uma vinculação externa das vontades em uma ordem firme e de validez geral, mercê da qual resultam determinadas as esferas de poder dos indivíduos em suas relações recíprocas, com o mundo das coisas e com a vontade comum.

Não é outro o entendimento de Lisboa[199] ao dizer que:

> o direito individual ou o metaindividual (coletivo ou difuso), patrimonial ou não patrimonial, deve estar em consonância com a vontade geral, para que possa ser detectado o legítimo interesse do titular do direito subjetivo, ou mesmo de quem esteja legitimado para representá-lo, no exercício do direito.

Nesse sentido, é importante verificar que, pelo prisma da Teoria do Direito, a norma jurídica positivada não é um fim em si mesma, mas a consubstanciação da vontade geral, expressa no dispositivo normativo segundo um processo que obedece a regras de elaboração preestabelecidas pelo Constituinte ou por fontes do direito dotadas de aceitabilidade, como doutrina e jurisprudência, por exemplo. No caso da LGPD, portanto, observa-se o processo legislativo, do qual participam agentes de diferentes matizes ideológicos, representando diversos setores da sociedade, que, em comum acordo, estabelecem a lei. Nesse sentido:

> O *interesse jurídico* é noção subjetivamente identificada, que encontra seu pressuposto no *poder* do seu titular (e não necessariamente do titular do direito subjetivo), outorgado pela norma jurídica representativa da *vontade geral*, que passa a vigorar por determinação do Poder Público. O poder que é garantido ao titular do

---

199 Op. cit., idem.

interesse lhe garante o exercício de ações materiais e processuais tendentes à satisfação de um fim, ou seja, de uma necessidade, o que possibilita a licitude e a legitimidade da manifestação da vontade, por não ser contrária ao ordenamento.[200]

Ressalte-se que a definição de *interesse*, embora essencial ao Direito, não é pacífica, pelo que a ora apresentada serve como referencial teórico a esta pesquisa[201]. Assim, deve-se compreender, então, o que são os *interesses metaindividuais*, o que já denota uma categorização de interesses jurídicos: "Tratam-se os interesses difusos e coletivos de interesses meta ou transindividuais, por atingirem grupos de sujeitos do direito vinculados por uma ou várias relações de fato comum"[202].

Não se pretende esmiuçar nesta pesquisa o caminho percorrido para se chegar ao reconhecimento desta categoria, mas é importante ressaltar que, pelo paradigma atual, não é necessário sequer que os sujeitos titulares desses interesses sejam identificáveis; o que deve haver é a vinculação pelo fato comum:

> Diferentemente dos interesses individuais, os interesses transindividuais ou metaindividuais constituem autêntica categoria distinta daqueles e mesmo do interesse público, atingindo grupo de pessoas relacionadas entre si por uma situação de fato em comum, que necessita do tratamento jurídico compatível.[203]

---

200 LISBOA, Op. Cit., p. 39.

201 Nesse sentido, Vigliar diz: "Vê-se, assim, a dificuldade de se encontrar o próprio conceito de interesse, já que a doutrina o associa a vários outros *standards* jurídicos. Mais árdua então será a empreitada voltada a identificar as peculiaridades dos interesses transindividuais". Fonte: VIGLIAR, José Marcelo Menezes. *Tutela jurisdicional coletiva*. 4 ed. São Paulo: Atlas, 2013, p. 47.

202 Idem.

203 LISBOA, op. cit., p. 62.

Nesse sentido, Vigliar[204] sustenta que:

> O simples fato de não se poder em determinados casos, como ocorre com os *interesses difusos*, por exemplo, identificar um único indivíduo como polo convergente desse interesse, não o tornará menos *direito* (porque o interesse agora é jurídico), que aqueles tradicionalmente qualificados como subjetivos.
> Uma constatação é necessária: é possível afirmar que a necessidade de se proporcionar tutela jurisdicional a interesses transindividuais fez com que conceitos tradicionais como o de interesse fossem revistos, porque sempre estiveram relacionados aos direitos pertencentes aos indivíduos isoladamente considerados.

Para o autor, *"Indivíduos isoladamente considerados"* é um conceito chave. A autodeterminação informacional, hoje positivada no artigo 7º, I, LGPD, assenta o consentimento individual como coluna vertebral do tratamento de dados pessoais, ainda que haja outras hipóteses para essa prática.

Os capítulos anteriores levantaram informações pertinentes à compreensão — e à possível conclusão — de que os riscos inerentes à coleta e ao tratamento de dados pessoais de um indivíduo "isoladamente considerado" não atingem somente ele, porque têm o potencial de repercutir sobre outrem ou mesmo a toda a coletividade, de maneira difusa. O autor aponta que a revisão do conceito tradicional de *interesse*, antes calcado numa subjetividade individual, foi revisto a partir da necessidade de adequação da atividade jurisdicional. E embora os eventos que levaram a tanto sejam diferentes, o cerne de sua questão, isto é, o *interesse jurídico* por trás deles, é o mesmo:

---

204 VIGLIAR, op. cit., p. 48, grifos nossos.

> Abstraindo-se a sistemática da legitimação para as demandas coletivas, se fosse possível a exigência da demonstração do interesse de cada um dos interessados, jamais haveria a apreciação do mérito, porque, além da dificuldade prática de se viabilizar essa tarefa, encontraríamos alguns titulares que poderiam alegar que, do seu ponto de vista, a defesa em juízo do interesse transindividual ofendido (como o meio ambiente) não faria a menor diferença. Esse fato comprometeria a própria presunção (*iure et de iure*) que o legislador cria, para que certos interesses/direitos sejam defendidos em juízo, quando não observadas as vedações existentes no direito material.[205]

O autor levanta uma questão que, pode-se defender, é um ponto nevrálgico da proteção de dados hoje, embora ainda estejamos dando os primeiros passos em relação a esse novo direito. Afinal, não há quem sustente que a proteção de dados pode inviabilizar atividades economicamente relevantes? O mesmo vale para a proteção do meio ambiente, à qual há quem repute óbices ao desempenho econômico do País. Não protegemos a floresta amazônica apenas pelo apreço por suas belezas naturais, mas porque danificá-la enseja prejuízo ao ecossistema global. Como diz Reale, não lutamos por um interesse de Fulano ou Beltrano, mas de todos nós.

Compreendidas as questões de *interesse jurídico metaindividual*, cabe observar suas categorias e sua aplicação expressa na LGPD. O artigo 81, parágrafo único, do Código de Defesa do Consumidor traz um rol de três incisos com os tipos de interesses metaindividuais: difusos, ("de natureza indivisível, de que sejam titulares pessoas indeterminadas e ligadas por circunstân-

---

[205] VIGLIAR, op. cit., p. 50.

cia de fato"), coletivos *stricto sensu*[206] ("de natureza indivisível, de que seja titular grupo, categoria ou classe de pessoas ligadas entre si ou com a parte contrária por uma relação jurídica base") e individuais homogêneos ("decorrentes de origem comum").

Embora compreendidos no mesmo rol normativo que os demais, deve-se consignar que os direitos individuais homogêneos têm natureza de interesse individual, sendo reunidos pela via processual por autorização legal[207]. Os interesses coletivos em sentido estrito apresentam circunstâncias que os dotam de estabilidade, haja vista serem fundamentados em relação jurídica anterior comum, enquanto os difusos acabam por ensejar uma tutela instável, pois seus titulares são indeterminados e indetermináveis[208]. Vigliar[209] sustenta que, mesmo sem previsão legal, ainda assim essas seriam as três categorias de direitos transindividuais:

> Todas as modalidades de interesses acima nominadas são (*lato sensu*) de interesses coletivos (ou melhor: comportam a defesa coletiva): as duas primeiras modalidades (os *difusos* e os *coletivos*) porque, diante de uma característica própria do interesse/direito que se estiver defendendo no caso concreto, somente enseja a defesa coletiva; a última modalidade, não: há a possibilidade de uma defesa individual, mediante a análise

---

[206] Como parte da doutrina adota a terminologia *direitos coletivos* em sentido amplo, representando todos os direitos metaindividuais, convencionou-se falar em direitos coletivos em sentido estrito ou lato.

[207] ROQUE, André. A tutela coletiva dos dados pessoais na Lei Geral de Proteção de Dados Pessoais (LGPD). *Revista Eletrônica de Direito Processual – REDP*, ano 13, v. 20, n. 2, Rio de Janeiro, mai./ago., 2019, p. 6. Disponível em: <https://www.e-publicacoes.uerj.br/index.php/redp/article/view/42138>. Acesso em 19 out. 2019.

[208] Idem, p. 5.

[209] Op. cit., p. 52.

> da legitimação do próprio interessado; se o interessado optar por essa modalidade, e superada a análise das condições para o exercício do direito/poder de ação, somente a ele aproveitará a coisa julgada, quando da imutabilidade dos efeitos do provimento que postulara; contudo, se a origem do interesse for comum, viabiliza-se também a defesa coletiva daqueles interesses que, na essência, são individuais (pela forma coletiva, como se coletivos – *lato sensu* – fossem).

Vigliar aponta, nesse sentido, que os interesses metaindividuais podem ser *essencialmente coletivos*, hipótese dos direitos difusos e coletivos em sentido estrito, que têm como característica a indivisibilidade[210] (ou incindibilidade), ou *acidentalmente coletivos*, categoria em que se enquadram os direitos individuais homogêneos, que são divisíveis e podem ser defendidos coletiva ou individualmente, segundo a faculdade do interessado ou titular. A análise dessa categorização neste trabalho é importante em razão da consequência de cada um dos tipos de interesses metaindividuais:

> A importância em se investigar em qual categoria encontra-se a tutela coletiva de dados pessoais, em que pesem possíveis críticas à sua excessiva abstração, está no fato de que a lei estabelece distintos regimes jurídicos para cada uma delas. Nesse sentido, por exemplo, a publicação de edital para eventuais interessados

---

210 "Afirmar que um interesse é indivisível é afirmar que não é possível atribuir a cada um dos interessados, que integram uma determinada coletividade mais ou menos numerosa, a parcela que lhes cabe daquele interesse considerado. Incindível que é, porque a natureza do interesse/direito não comporta uma divisão entre todos os interessados em cotas reais ou ideais, a defesa somente se opera, somente se verifica, somente se viabiliza, na modalidade coletiva (através do que conhecemos hoje por ação civil pública)." Fonte: VIGLIAR, op. cit., p. 53.

ingressarem no processo coletivo como litisconsortes (art. 94, CDC) é prevista apenas para os direitos individuais homogêneos. Da mesma forma, o art. 103, I, II e III do CDC disciplina diferentes regimes de coisa julgada para cada uma das categorias de direitos coletivos estabelecidas pela legislação brasileira.[211]

Conforme essas informações, fica evidente que seria inadequado pretender classificar prévia e abstratamente, uma determinada conduta em um tipo específico de direito metaindividual[212]. Deve-se analisar, para tanto, o caso concreto, a partir da causa de pedir e do pedido, de modo que ela coadune alguma das hipóteses: circunstância de fato, relação jurídica base ou individuais de origem comum[213].

Há diferentes *legitimados* para ajuizar as ações coletivas: o Ministério Público, a Defensoria Pública, a Administração Pública (aí incluídos seus órgãos, a exemplo da ANPD) e as associações civis que cumpram os requisitos legais para se habilitarem a tanto[214]. Vale dizer, o Ministério Público do Distrito Federal e dos Territórios — o mesmo órgão que ajuizou a ação coletiva em face dos desenvolvedores do aplicativo Lulu, conforme se expôs neste estudo —, "criou a Comissão de Proteção dos Dados Pessoais, que possui, entre suas atribuições, promover a defesa dos

---

211 ROQUE, op. cit., p. 9.

212 Idem, p. 10.

213 Idem.

214 "Quanto às associações civis, para que ostentem legitimidade, devem obedecer aos requisitos da pré-constituição de um ano (que poderá ser dispensada pelo juiz se houver manifesto interesse social) e da pertinência temática, ou seja, a matéria discutida na ação coletiva deve se inserir nos fins institucionais da associação (art. 5º, V e §4º da Lei nº 7.347/1985 e art. 82, IV e §1º do CDC)." Fonte: ROQUE, op. cit., p. 12.

interesses e direitos difusos, coletivos e individuais homogêneos dos titulares de dados pessoais"²¹⁵.

Conforme se observa, há instrumentos processuais bastante importantes e adequados à obtenção de tutela jurisdicional sobre interesses metaindividuais. Essas categorias, entretanto, têm o potencial de compreender situações concretas, isto é, são efetivadas *a posteriori*, a partir de um *fato jurídico*.

Por outro lado, embora se sustente que para identificar a natureza jurídica específica do direito metaindividual seja inadequado observar situações abstratas (como a proteção de dados em si, por exemplo), não se ignora que isso seja menos relevante para sua subsunção meramente ao tipo maior de *direito metaindividual*²¹⁶ — e, conforme a própria doutrina exposta aqui, há críticas à abstração excessiva das espécies em comento, apesar dos diferentes efeitos de sua classificação.

O próximo tópico deste capítulo aproveitará esses conceitos, então, para propor que se reflita acerca da possibilidade de mais um olhar à proteção de dados, para além do consentimento, firmado nas características de interesses jurídicos metaindividuais.

3.3 Por uma mudança de paradigma: da autodeterminação informacional à tutela de interesses metaindividuais

A autodeterminação informacional pode estar sobrecarregada, porque a pessoa natural, diante de tantos avanços e da

---

215 ROQUE, op. cit., p. 16.

216 Pode-se refletir acerca da subsunção da proteção ao meio ambiente, a partir de um caso concreto, a uma natureza jurídica de direito difuso ou coletivo em sentido estrito, por exemplo, mas muito dificilmente seria possível sustentar, de forma adequada, que essa garantia não consiste em um direito metaindividual.

grandeza e do poder dos gigantes da informação, é um sujeito hipervulnerável[217]. Bioni[218] colhe três estudos empíricos a fim de demonstrar a hipossuficiência do titular dos dados no meio ambiente digital:

> O primeiro estudo empírico (subcapítulo 4.1.3.1) é clarividente sobre tal situação, evidenciando como funcionam tais *modelos mentais vulneradores*. Mais do que isso, ele denota o quão fundo é o buraco da *assimetria informacional* a ser escalado para que haja um efetivo controle das informações pessoais por seus titulares.
> O segundo estudo empírico (subcapítulo 4.1.3.2) expande esse déficit (informacional), coligando-o ao funcionamento e à inovação da tecnologia. A debilidade informacional do consumidor respinga na ausência de um *conhecimento técnico* que poderia tornar a tecnologia um instrumento de melhora do gerenciamento do fluxo informacional. No entanto, o que tais evidências empíricas assinalam é, justamente, o contrário. A tecnologia tem sido utilizada para *neutralizar* essa possível habilidade, fragilizando, ainda mais, o elo mais fraco do mercado informacional.
> O terceiro estudo empírico (subcapítulo 4.1.3.1) sedimenta essas discrepâncias sob um olhar mais amplo: a assimetria é estrutural e é decorrente da própria dinâmica da economia dos dados pessoais. O diagnóstico de que os consumidores estão resignados com a perda do controle de suas informações é o efeito colateral – e por que não a própria ferida aberta – dessa nova vulnerabilidade, na qual o elo mais fraco rende-se (resigna-se) às forças do mercado informacional.

---

217 BIONI, 2019, p. 162.
218 Idem, p. 163.

O autor detalha esses estudos em sua obra, visando a verificar possíveis adequações formais do consentimento, ou seja, de que forma ele deve ser exercido diante das dificuldades inerentes à autodeterminação informacional:

> É curioso notar, no entanto, que a estratégia regulatória dessa explosão normativa de proteção de dados pessoais segue uma lógica contrária à constatação da (hiper)vulnerabilidade do titular dos dados pessoais. Muito embora se dedique um diploma próprio para tratar dessa situação específica de vulnerabilidade, apostam-se todas as fichas normativas como se a parte mais fraca desse arranjo regulatório fosse um sujeito racional, livre e capaz para fazer valer a proteção de seus dados pessoais. O protagonismo do consentimento encerra, portanto, uma *contradição* (intrínseca) desse ambiente ou estratégia regulatória.
> É desse descompasso que emerge um *debate normativo* da proteção de dados pessoais. **O consentimento tem sido visto como o pilar dessa estratégia regulatória, mais como um meio para legitimar os modelos de negócios da economia digital, do que como um meio eficiente para desempenhar a proteção dos dados pessoais.** Ele tem sido encarado como uma verdadeira ficção legal deformadora e voraz do teorizado regime legal de proteção de dados pessoais e da sua aplicação na prática. Não seria mais do que uma mistificação, na medida em que não é confrontado com o anotado contexto socioeconômico que estrangula a prometida liberdade da autodeterminação informacional.
> Por tal motivo, é de suma importância frisar essa *incompatibilidade* do desenho normativo de proteção de dados pessoais e, por conseguinte, pensar como isso pode ser

absorvido para fins de reflexão e reajustes do ponto de vista de uma (nova) estratégia regulatória.[219]

Essa é uma perspectiva da *inviabilidade formal* do consentimento em si, isto é, da forma que ele é manifestado pelo titular dos dados ou, em outras palavras, de como o cidadão exerce sua autodeterminação informacional.

Em razão disso, o referido autor defende uma ideia de uma "normatização substantiva e menos procedimental da proteção dos dados pessoais"[220]. Um exemplo trazido por ele se apoia em Nissembaum,[221] autora cuja obra sustenta que não é o consentimento, mas, grosso modo, o *contexto* o que deve pautar a proteção de dados pessoais ("*privacy in context*").

Nesse sentido, o contexto relativo às informações deveria, segundo a autora, ser adequado à sua cessão. Entretanto, questiona-se: os princípios positivados no artigo 6º da LGPD, a partir de sua combinação lógico-sistemática, não dão conta dessa abordagem, ainda que se questionem as limitações inerentes ao modelo formal de consentimento?

> Art. 6º As atividades de tratamento de dados pessoais deverão observar a boa-fé e os seguintes princípios:
> I - finalidade: realização do tratamento para propósitos legítimos, específicos, explícitos e informados ao titular, sem possibilidade de tratamento posterior de forma incompatível com essas finalidades;

---

219 BIONI, 2019, p. 167. Grifos nossos.

220 Idem, p. 209.

221 NISSEMBAUM, Helen. *Privacy in context*: technology, policy and the integrity of social life. Stanford: Stanford University Press, 2010; NISSEMBAUM, Helen. Privacy as contextual integrity. *Washington Law Review*, v. 79, Washington, 2004. Disponível em: <https://digitalcommons.law.uw.edu/cgi/viewcontent.cgi?article=4450&context=wlr>. Acesso em 19 nov. 2019.

II - adequação: compatibilidade do tratamento com as finalidades informadas ao titular, de acordo com o contexto do tratamento;
III - necessidade: limitação do tratamento ao mínimo necessário para a realização de suas finalidades, com abrangência dos dados pertinentes, proporcionais e não excessivos em relação às finalidades do tratamento de dados;
IV - livre acesso: garantia, aos titulares, de consulta facilitada e gratuita sobre a forma e a duração do tratamento, bem como sobre a integralidade de seus dados pessoais;
V - qualidade dos dados: garantia, aos titulares, de exatidão, clareza, relevância e atualização dos dados, de acordo com a necessidade e para o cumprimento da finalidade de seu tratamento;
VI - transparência: garantia, aos titulares, de informações claras, precisas e facilmente acessíveis sobre a realização do tratamento e os respectivos agentes de tratamento, observados os segredos comercial e industrial;
VII - segurança: utilização de medidas técnicas e administrativas aptas a proteger os dados pessoais de acessos não autorizados e de situações acidentais ou ilícitas de destruição, perda, alteração, comunicação ou difusão;
VIII - prevenção: adoção de medidas para prevenir a ocorrência de danos em virtude do tratamento de dados pessoais;
IX - não discriminação: impossibilidade de realização do tratamento para fins discriminatórios ilícitos ou abusivos;
X - responsabilização e prestação de contas: demonstração, pelo agente, da adoção de medidas eficazes e capazes de comprovar a observância e o cumprimento das normas de proteção de dados pessoais e, inclusive, da eficácia dessas medidas.

Ora, ao exemplificar situações hipotéticas que atenderiam à proposta de Nissembaum, Bioni[222] diz que:

---
222 Idem, p. 213.

> Por exemplo, a opinião religiosa de um cidadão pouco ou nada tem a acrescentar nas suas relações de cunho profissional. Se a sua crença religiosa influenciar as suas aspirações profissionais, esse fluxo será, muito provavelmente, inapropriado. Daí por que a capacidade de se relacionar é condicionada pelo *fluxo contextual* das informações pessoais, atraindo, portanto, uma importância social.

Vale dizer, neste exemplo, os princípios da finalidade e adequação do tratamento de dados pessoais (art. 6º, I e II, LGPD) seriam suficientes a afastar a pretensão do potencial empregador, que estaria violando também o próprio *caput* do artigo, ao descumprir a obrigação de boa-fé. Nesse diapasão, é mister observar que, para efeitos de assegurar a privacidade, ao menos num plano ideal, esses princípios fazem valer — mesmo com possíveis críticas — as expectativas de *privacidade* do titular dos dados.

A questão é que, embora Nissembaum traga uma proposta que fuja da noção de autodeterminação informacional como pilar fundamental da proteção de dados pessoais — sobrecarregada e formalmente inviável —, ela ainda aloca a necessidade dessa garantia a título de assegurar a privacidade do indivíduo — o que faz todo sentido, haja vista a evolução histórica que leva à proteção de dados pessoais, mas já parece não atender às perspectivas atuais.

Uma questão à qual devemos estar atentos[223] é a possibilidade de um indivíduo, voluntariamente, abrir suas informações pessoais, tornando-as manifestamente públicas — o que inclusive consta do art. 7º, §4º, LGPD como hipótese de dispensa do consentimento —, conduta que não prejudica apenas a sua própria

---

223 Vide capítulo 2.

privacidade, mas a de outrem[224] (pensando ainda no campo da privacidade, que, como se viu ao longo dos capítulos 1 e 2 desta pesquisa, não deve ser nossa única preocupação).

Pensando nisso, Hirsch[225] aproveita conceitos econômicos para abordar o que chama de *trust commons* (confiança comum, social, no sentido de ativo econômico). Para ele, é necessário que haja *confiança* da população em relação às condutas dos agentes da internet, sem a qual a economia digital fica prejudicada:

> A economia informacional tem como premissa o compartilhamento de informações pessoais; ela é 'mediada por relações informacionais' em uma extensão muito superior à das economias anteriores. A participação adequada da economia informacional exige de nós que confiemos a outrem nossas informações pessoais. Este tipo particular de confiança – 'confiança digital' – consiste em nossa fé de que fornecedores de bens e serviços digitais utilizarão nossas informações pessoais para beneficiar – e não prejudicar – a nós mesmos.[226]

---

224 "A ideia é que a divulgação de informação por algumas pessoas pode revelar informações sobre outras, em seu detrimento." Original em inglês: "*The idea is that disclosure of information by some people can reveal information about other people, to their detriment.*" Fonte: FAIRFIELD; ENGEL, 2015 apud HIRSCH, Dennis D. Privacy, public goods, and the tragedy of the trust commons: a response to professors Fairfield and Engel. *Duke Law Journal Online*, v. 65, fev. 2016. Disponível em: <https://papers.ssrn.com/sol3/papers.cfm?abstract_id=2783933>. Acesso em 19 nov. 2019.

225 HIRSCH, Dennis D. Privacy, public goods, and the tragedy of the trust commons: a response to professors Fairfield and Engel. *Duke Law Journal Online*, v. 65, fev. 2016, p. 83. Disponível em: <https://papers.ssrn.com/sol3/papers.cfm?abstract_id=2783933>. Acesso em 19 nov. 2019.

226 Original em inglês: "*The information economy is premised on the sharing of personal information; it is "mediated by information relationships" to a far greater extent than prior economies.84 Participating in the information economy accordingly requires us to trust others with our personal information. This particular kind of trust—"digital*

O autor parte da premissa de que se as pessoas souberem que sites de busca, redes sociais etc. utilizam suas informações pessoais contra elas, não as compartilharão. De um lado, sua abordagem é interessante no sentido de defender uma regulamentação (oposta à ideia de auto-regulamentação do mercado, mais comum nos Estados Unidos que na União Europeia), em atenção ao aspecto econômico da confiança dos titulares — e isso necessariamente ocorre coletivamente.

Por outro lado, entretanto, embora haja exemplos das possíveis revoltas dos titulares em casos concretos,[227] não parece adequado sustentar que os internautas deixariam de compartilhar suas informações, porque são interpelados a isso a todo instante,[228] em detrimento da potencial consciência dos riscos que sofrem, a não ser em situações muito diretas e que causem imediato sofrimento — da mesma forma que dificilmente deixamos de consumir carne pensando no ecossistema, mas o fazemos facilmente se isso nos causar algum desconforto logo após o almoço.

Numa perspectiva teleológica que compreenda também os aspectos históricos da proteção de dados pessoais, a autodeterminação informacional exercida por meio do consentimento do titular não se presta a protegê-lo contra os agentes públicos e privados que lhe podem causar mal, porque o exercício desse direito, na prática, ainda é inviável e demanda uma nova concepção formal — lembrando que a questão não se esgota na privacidade em si, porque a História já mostrou casos abjetos de graves violações de direitos humanos que fo-

---

trust"— consists of our faith that the providers of digital goods and services will use our personal information to benefit—not hurt—us".

227 A exemplo do que ocorreu em relação ao aplicativo Lulu no Brasil.
228 Vide capítulo 2.

ram muito facilitas pelo uso de dados pessoais, um dos principais motivos que ensejaram essa proteção.

Do ponto de vista sociológico (da interpretação sociológica do Direito), o controle sobre os próprios dados não confere ao indivíduo poder e autonomia para tratar de sua própria privacidade; ao contrário, serve a legitimar o poder econômico e político que vem se concentrando nas mãos dos mesmos agentes que detêm supercapacidades de coleta, armazenamento e tratamento de dados e, ao que parece a algumas abordagens acadêmicas apresentadas neste estudo, podem transformar drasticamente até mesmo a organização do poder, as decisões das pessoas, entre outros fatores essenciais à democracia.

Nesse sentido, o levantamento realizado neste trabalho demonstra que os importantes avanços do Direito para a proteção de dados pessoais tendem a depender de um esforço constante, um quase ativismo por parte de toda a sociedade e do Estado. Ter uma Lei Geral de Proteção de Dados foi um passo bastante significativo, ao qual talvez tenhamos esperado tempo demais[229]. Entretanto, ela já ingressa no ordenamento escorada numa prin-

---

[229] Masseno, em levantamento que compreendeu tão somente os países de língua portuguesa, aponta que Cabo Verde, Angola, Moçambique, Timor-Leste, Macau e São Tomé e Príncipe já estavam à frente do Brasil quanto à proteção de dados pessoais, oscilando entre diferentes níveis de proteção, mas todos superiores ao nosso, que se igualava, por exemplo, a Guiné-Bissau (embora o próprio autor, após dizer que este país não tinha nem previsão constitucional nem lei a esse respeito, recorde o Marco Civil da Internet, que prevê normas de proteção de dados pessoais). Fonte: MASSENO, Manuel David. *A proteção de dados pessoais nos países de língua portuguesa*: apontamentos comparativos. [Palestra] Centro Universitário das Faculdades Metropolitanas Unidas, 25 abr. 2018. Apresentação disponibilizada pelo autor disponível em: <https://www.academia.edu/36498495/A_Prote%C3%A7%C3%A3o_de_Dados_Pessoais_nos_Pa%C3%ADses_de_L%C3%ADngua_Portuguesa_apontamentos_comparativos>. Acesso em 20 nov. 2019.

cipal base legal para a coleta e o tratamento de informações pessoais que, conforme observado, não se presta ao seu fim.

A doutrina vem enxergando a proteção de dados pessoais como uma extensão da privacidade, um direito que nasce a partir da compreensão de que, para resguardar sua vida privada, o indivíduo deve ter a capacidade de dispor sobre suas informações pessoais. As normas de proteção de dados, para atender a esse entendimento, dispõem de princípios e outras restrições, que se podem comparar às condições gerais de contratação solidificas nas normas de proteção do consumidor.

Entretanto, questiona-se: a efetiva proteção dos consumidores ocorre normalmente por iniciativa individual ou coletiva? Embora a tutela jurisdicional de interesses individuais seja eficiente, é notório o papel da tutela de interesses metaindividuais, haja vista sua eficiência e o aproveitamento dos resultados por toda a sociedade, bem como os interesses em disputa. E talvez esteja aí uma oportunidade de ampliação doutrinária acerca da proteção dos dados pessoais.

Na Sociedade da Informação, estamos todos conectados[230] de uma forma que, para as questões sobre os dados, não parece ser exatamente o consentimento a estar sobrecarregado, mas o próprio indivíduo, que se vê interpelado a consumir para pertencer e não ser excluído de uma sociedade consumista, narcisista e hedonista; que se defronta com desinformação sob medida para seu perfil comportamental e, assim, tem tolhida a livre racionalidade de suas escolhas; que, em suma, não enfrenta mais um Leviatã, mas se depara com vários outros monstros, sem que tenha conhecimento, instrumentos ou força para fazer valer suas expectativas contra os interesses políticos e econômicos deles. Continuamos a nos preocupar apenas com nossa pró-

---

230 CASTELLS, Manuel. A sociedade em rede. 17 ed. São Paulo: Paz e Terra, 2016, *passim*.

pria intimidade, em detrimento de um necessário olhar para uma questão que parece se tornar mais relevante: a proteção de dados pessoais é um interesse coletivo.

Já há, por outro lado, pesquisadores levantando o que se está convencionando chamar de *coletivização da proteção de dados pessoais*, conforme aponta Zanatta,[231] segundo o qual esse fenômeno pode se descrever por quatro elementos básicos: (i) a desprivatização do Direito, por meio da qual se socializam interesses privados, (ii) a despublicização do Direito, permitindo que entidades civis especializadas, a própria sociedade civil, integrem demandas metaindividuais, (iii) a proteção do ambiente informacional, por diversas obrigações de prevenção e (iv) "a redefinição das estruturas administrativas de defesa do consumidor", que coletiviza a proteção de dados pessoais dessa categoria — que parece ser a de maior potencial para imediata aplicação no País.

Há previsão legal para a tutela de interesses metaindividuais relacionados expressamente à proteção de dados pessoais, mas ela se refere aos danos, servindo a remediar situações episódicas e concretas — embora a LGPD preveja obrigações de prevenção aos agentes que coletam e tratam dados pessoais. Nesse sentido, embora a doutrina sustente que a subsunção de um direito abstrato à categoria de interesses difusos e coletivos possa ser precipitada, essa conotação pode ser uma válvula de escape à pressão de um sistema que tende a esmagar o indivíduo legitimado por seu próprio consentimento e a lesar toda a coletividade legitimada por manifestações de vontade individuais que, portanto, não representam o resultado do balanço entre as vontades de todos.

---

231 ZANATTA, Rafael A. F. A tutela coletiva na proteção de dados pessoais. *Revista do Advogado*: Lei Geral de Proteção de Dados Pessoais, n. 144, São Paulo: Associação dos Advogados de São Paulo, nov. 2019, p. 203.

As legítimas expectativas, nesse passo, não precisam se esgotar naquelas do titular em relação à finalidade do tratamento dos seus dados, mas podem compreender aquelas da sociedade em relação ao papel exercido pelos agentes de tratamento. Não se trata, desse modo, de apagar o consentimento; ao contrário, trata-se de fortalecê-lo ao lhe colocar a par de outras possibilidades de *limitar* a coleta e o tratamento de dados pessoais — mesmo porque, além da manifestação de vontade do titular, há outras bases legais para *permitir* essas atividades. Se os problemas relacionados ao tratamento de dados pessoais são eminentemente coletivos, talvez seja oportuno que assim também se reconheça o direito à sua proteção, como um interesse aprioristicamente coletivo.

4 Considerações finais

Esta pesquisa se dedicou a observar os parâmetros atuais da proteção de dados pessoais, visando a verificar a possibilidade de que a tutela de informações pessoais passe a ser compreendida como direito metaindividual, a partir da observação dos riscos decorrentes das consequências do tratamento desses dados e de seu mal-uso, para além das previsões da Lei Geral de Proteção de Dados e do Código de Defesa do Consumidor.

Para tanto, adotou-se a metodologia científica jurídico-sociológica, por meio da qual se tentou examinar o direito à proteção de dados pessoais num contexto que compreendesse as relações entre suas respectivas normas e as alterações políticas e socioculturais que a envolvem.

A pesquisa sugere que a experiência histórica da coleta e do tratamento de dados pessoais leva a crer que, apesar dos benefícios, como a implantação de políticas públicas e o maior desempenho da gestão estatal, há um potencial bastante nocivo do mal-uso dessas informações, notadamente quanto à violação de direitos humanos, para o que foram exemplificadas práticas eugênicas e discriminatórias, facilitadas ou viabilizadas por registros de censos populacionais ao longo dos séculos XIX e XX, o que denota que a proteção de dados pessoais não é uma novidade que surgiu com a internet, mas uma construção dialética anterior que serve a assegurar aos indivíduos, além da sua privacidade, outros direitos de igual importância.

Na Sociedade da Informação, os dados pessoais têm valor econômico elevado e ampliam a capacidade de convencimento de quem os detém, melhorando o desempenho de ações de marketing para consumo ou mesmo influenciando escolhas dos indivíduos em sufrágios eleitorais, impactando a política e a democracia de forma determinante.

As informações a respeito dos indivíduos denotam perfis por meio de análises de probabilidade que, engendradas por algoritmos de inteligência artificial, fornecem conhecimento profundo a seu respeito, permitindo a emissores de publicidade, propaganda, desinformação etc. uma persuasão eficiente, que pode se valer de conteúdo sob medida para o perfil em que se enquadra(m) determinado(s) internauta(s).

Se antes os Estados dependiam de relativo esforço para elaborarem censos populacionais e entrevistarem os indivíduos, hoje os agentes privados que tratam dados pessoais não têm muito trabalho: buscamos parceiros sexuais por meio de aplicativos de relacionamento, informação em sites de busca, amizades em redes sociais etc., todos que, mais ou menos úteis, são fetichizados irrefletidamente pelo público consumidor. Mais que isso, a vigilância é constante e nem mesmo momentos sagrados em cultos religiosos escapam do olhar dos computadores.

Buscamos prazer e autorrealização em nossas atividades cotidianas, porque isso faz parte da nossa própria natureza humana, do nosso aparelho psíquico. Fornecemos alegremente não apenas os nossos dados, mas nossas fantasias impregnadas em rastros digitais, de maneira que nosso *id*, misterioso para nós mesmos, tornou-se um capital informacional do oligopólio internacional dos dados.

Sucumbimos todos os dias a uma necessidade de alienação para pertencermos a uma sociedade marcada pelo consumismo e gozo imediato, que são satisfeitos (ou insatisfeitos continuamente) em grande parte pelos gigantes dos dados. E não há nenhum problema na oferta de prazer ou informação imediatos; ao contrário, as ferramentas desses agentes revolucionaram o acesso a tudo: do transporte ao casamento. O que não se pode admitir, entretanto, é que esses agentes passem a ter um poder desleal baseado num conhecimento simplesmente autorizado por nós mesmos, porque essa força pode atingir não somente o indivíduo, mas a coletividade.

A proteção dos dados pessoais no País atende a uma lógica baseada, sobretudo, no consentimento do titular dessas informações, instrumento que o legislador, inspirado pelas normas do Regulamento Geral de Proteção de Dados da União Europeia (RGPD), consolidou como forma de viabilizar ao indivíduo a sua autodeterminação informacional, o controle sobre suas próprias informações. Essa escolha legislativa atende à lógica histórica da proteção de dados pessoais, que nasce da privacidade.

O problema é que o consentimento individual está sobrecarregado e já se desvirtuou, convertendo-se em uma ferramenta que não serve à proteção das informações; de modo oposto, ela legitima uma conduta contínua e preocupante de coleta e tratamento de dados pessoais, de crescente construção e manutenção de poder dos agentes de tratamento. Os princípios a serem observados durante essa atividade informacional, embora protejam, sim, o titular, não parecem amenizar esse fortalecimento de quem se apossa das suas informações.

Por outro lado, na mesma norma — a Lei Geral de Proteção de Dados Pessoais (LGPD) —, o legislador positivou a possibilidade da tutela jurisdicional de interesses coletivos (lato sensu) relativos à proteção de dados pessoais. Isso já seria, em tese, possível, em razão da aplicabilidade das normas anteriores à LGPD, notadamente aquelas do Código de Defesa do Consumidor.

Essa previsão recente sedimenta uma alternativa de remediação que já se mostrou eficaz ao menos em um momento no País, quando se encerrou a disputa colérica em torno do aplicativo Lulu, por meio de uma Ação Civil Pública ajuizada pelo Ministério Público do Distrito Federal e dos Territórios (MPDFT) — a repercussão na imprensa foi tão forte que sequer foi necessária decisão de mérito. Esse episódio sugere que, embora não tenha havido declaração jurisdicional terminativa, a iniciativa coletiva tenha um potencial de eficiência consideravelmente superior à individual em relação às questões sobre proteção de dados pessoais.

A doutrina considera inadequada a subsunção de um direito abstrato à hipótese de interesse metaindividual, preferindo que se verifique o caso concreto, a partir do qual se pode observar a que categoria de interesses ele se enquadra: coletivos em sentido estrito, difusos ou individuais homogêneos. Entretanto, há que se levar em conta que o enquadramento de um direito à possibilidade ampla de interesse metaindividual é menos desafiadora — pode-se dizer que a proteção do meio ambiente é um direito metaindividual, porque inspira interesse jurídico relevante a todos, ainda que, episodicamente, possa oscilar entre interesse difuso ou coletivo, a depender das características particulares de cada caso.

O que se quer dizer, nesse sentido, não é que existe uma possibilidade direta de enquadramento: proteção de dados pessoais é direito metaindividual; a questão é que esse direito inspira interesses coletivos — e se são episódicos, são igualmente constantes e diuturnos, pelo que a crítica à excessiva abstração da análise de interesses difusos e coletivos se torna especialmente relevante.

Pelo paradigma atual da proteção de dados no País, excetua-se o consentimento ao tratamento para fins de segurança (o que fortalece demasiadamente o Estado — lembremos das enormes preocupações históricas apresentadas no capítulo 1), de acordo com o legítimo interesse do agente de tratamento (o que demandará sólida análise doutrinária, preferencialmente atenta às concepções inscritas nos "considerandos" do RGPD) e para a proteção do crédito — uma criação autenticamente brasileira —, hipótese à qual provavelmente aproveitaremos o conhecimento sobre a proteção do consumidor, para o que deveremos estar atentos às características das condutas relativas ao uso de dados pessoais: eficiência, velocidade e opacidade.

Esta pesquisa leva a crer, portanto, que provavelmente seja importante romper com a ideia de que a proteção de dados seja uma extensão da autodeterminação informacional para fins de privacidade, porque ela talvez seja imprescindível à manutenção da própria democracia. Em razão disso, pode ser oportuno deslocar o paradigma dessa garantia, do indivíduo para a sociedade. Não é apenas o consentimento o que está sobrecarregado, é a individualidade.

O poder individual sobre nossos próprios dados paradoxalmente nos enfraquece, na medida em que inevitavelmente aceitamos todas as condições (mesmo que legais) para consumirmos produtos e serviços — e consumir não é opcional, é obrigatório. Sequer nos preocupamos, nessas normas recentes, com o Estado, principal ameaça até meados do século XX, porque sentimos a necessidade de segurança, para cuja obtenção abdicamos da nossa privacidade. Consentimos mais uma vez com menos liberdade numa troca desproporcional.

É oportuno que a proteção dos dados pessoais não fique mais exclusivamente nas mãos do indivíduo, para o benefício de si mesmo e da sociedade. Temos um paradoxo diante de nós: a privacidade, individual, não é mais um problema só nosso; é um interesse de todos. E para que possamos seguir consumindo e acessando tudo o que nos é conveniente e, de fato, admirável nesse universo que ainda começamos a desbravar, precisamos ter o máximo de confiança e equilíbrio possíveis em toda a sua extensão. Os gigantes dos dados não são demônios. Mas também não podem se tornar deuses.

Referências

AGÊNCIA PÚBLICA. *Empresas lançam serviço de reconhecimento facial para igrejas no Brasil*. Carta Capital, 14 nov. 2019. Disponível em: <https://www.cartacapital.com.br/sociedade/empresas-lancam-servico-de-reconhecimento-facial-para-igrejas-no-brasil/>. Acesso em 16 nov. 2019.

ALLCOTT, Hunt; GENTZKOW, Matthew. Social media and fake news in the 2016 election. *Journal of Economic Perspectives*, [S. l.], EUA, v. 31, n. 2, mai. 2017. Disponível em: <https://pubs.aeaweb.org/doi/pdfplus/10.1257/jep.31.2.211>. Acesso em 23 abr. 2019.

AQUINO, Ruth de. Homens reagem a Lulu com aplicativo masculino Tubby: Bem-feito. Quem manda as moças avaliarem publicamente o desempenho deles?. *Época*, 28 nov. 2013. Disponível em: <https://epoca.globo.com/colunas-e-blogs/ruth-de-aquino/noticia/2013/11/homens-reagem-lulu-com-baplicativo-masculinob-tubby.html>. Acesso em 15 nov. 2019.

ARON, Raymond. *A era da tecnologia*. Rio de Janeiro: Cadernos Brasileiros, 1965.

BARONE, Francisco Marcelo; SADER, Emir. Acesso ao crédito no Brasil: evolução e perspectivas. *Revista de Administração Pública*, v. 42, n. 6, Rio de Janeiro, nov./dez. 2008. Disponível em: <http://www.scielo.br/scielo.php?pid=S0034-76122008000600012&script=sci_arttext&tlng=pt>. Acesso em 10 nov. 2019.

BARRETO JUNIOR, Irineu Francisco. Atualidade do conceito de Sociedade da Informação para a pesquisa jurídica. In: PAESANI,

Liliana Minardi (coord.). *Direito na sociedade da informação*: estudos. São Paulo: Atlas, 2007.

BARRETO JUNIOR, Irineu Francisco. Limites éticos da inteligência artificial na Sociedade da Informação. In: *CONGRESSO INTERNACIONAL DA SOCIEDADE DA INFORMAÇÃO*: a Sociedade da Informação e os direitos humanos em face do século XXI, 2018, Navarra-ES. Anais. Mimeo, p. 1-27.

BARRETO JUNIOR, Irineu Francisco. Proteção da privacidade e de dados pessoais na internet: o Marco Civil examinado com fundamento nas teorias de Zygmunt Bauman e Manuel Castells. In: LUCCA, Newton de; SIMÃO FILHO, Adalberto; LIMA, Cintia Rosa Pereira de (orgs.). *Direito & Internet III*. São Paulo: Quartier Latin, 2015.

BARRETO JUNIOR, Irineu Francisco; NASPOLINI, Samyra Haydêe dal Farra. Proteção de informações no mundo virtual: a LGPD e a determinação do consentimento do titular para tratamento de dados pessoais. *Cadernos Adenauer XX (2019)*, n. 3. Proteção de dados pessoais: privacidade versus avanço tecnológico. Rio de Janeiro: Fundação Konrad Adenauer, out. 2019.

BARRETO JUNIOR, Irineu Francisco; SAMPAIO, Vinícius Garcia Ribeiro; GALLINARO, Fabio. Marco Civil da Internet e o direito à privacidade na Sociedade da Informação. *Direito, Estado e Sociedade*, Rio de Janeiro, n. 52, jan/jun. 2018, p. 114-133. Disponível em: <http://direitoestadosociedade.jur.puc-rio.br/cgi/cgilua.exe/sys/start.htm?infoid=370&sid=35>. Acesso em 18 mai. 2019.

BAUMAN, Zygmunt. *Vida para consumo*: a transformação das pessoas em mercadorias. Rio de Janeiro: Zahar, 2008.

BRASIL. Constituição da República Federativa do Brasil. Brasília, 5 out. 1988.

BRASIL. Lei 13.709/2018. *Lei Geral de Proteção de Dados.* Brasília, 14 ago. 2018.

BIONI, Bruno Ricardo. O dever de informar e a teoria do diálogo das fontes para a aplicação da autodeterminação informacional como sistematização para a proteção dos dados pessoais dos consumidores: convergências e divergências a partir da análise da ação coletiva promovida contra o Facebook e o Aplicativo "Lulu". *Revista de Direito do Consumidor*, ano 23, v. 94, jul./ago., 2014.

BIONI, Bruno Ricardo. *Proteção de dados pessoais*: a função e os limites do consentimento. Rio de Janeiro: Forense, 2019.

BITTAR, Carlos Alberto. *Os direitos da personalidade.* 8 ed. rev. aum. mod. por Eduardo C. B. Bittar. São Paulo: Saraiva: 2015, p. 37.

BITTAR, Carlos Alberto Bianca. O direito na pós-modernidade. *Revista Seqüência*, Santa Catarina, n. 57, dez. 2008, p. 131-152. Disponível em: <https://periodicos.ufsc.br/index.php/sequencia/article/viewFile/2177-7055.2008v29n57p131/13642>. Acesso em 12 mai. 2019.

BULOS, Uadi Lammêgo. *Curso de direito constitucional.* 11 ed. São Paulo: Saraiva, 2018.

CANCELIER, Mikhail Vieira de Lorenzi. O direito à privacidade hoje: perspectiva histórica e o cenário brasileiro. *Sequência*, Florianópolis, n. 76, p. 213-240, ago. 2017. Disponível em: <http://www.scielo.br/pdf/seq/n76/2177-7055-seq-76-00213.pdf>. Acesso em 12 mai. 2019.

CASTELLS, Manuel. *A sociedade em rede*. 17 ed. São Paulo: Paz e Terra, 2016.

CUPIS, Adriano de. *Os direitos da personalidade*. Campinas: Romana, 2004.

DÍAZ, Isadora. Tubby App é falso: aplicativo protesta contra a exposição da intimidade. *TechTudo*, 6 dez. 2013. Disponível em: <https://www.techtudo.com.br/noticias/noticia/2013/12/falso-app-tubby-faz-parte-de-campanha-contra-objetificacao-de-pessoas.html>. Acesso em 15 nov. 2019.

DONEDA, Danilo. A proteção dos dados pessoais como um direito fundamental. *Espaço Jurídico Journal of Law*, v. 12, n. 2, p. 91-108, jul./dez. 2011. Disponível em: <https://portalperiodicos.unoesc.edu.br/espacojuridico/article/view/1315>. Acesso em: 12 out. 2020.

DONEDA, Danilo. *Da privacidade à proteção de dados pessoais*. 2 ed. São Paulo: Revista dos Tribunais, 2019.

FERRÃO, Carolina Peters; SANTI, Pedro de. As ligações sem fio no consumo contemporâneo. Análise da relação do sentimento de solidão na sociedade do consumo desenfreado. In: RAHMEIER, Clarissa Sanfelice; SANTI, Pedro de (orgs.). *Existir na cidade*: os contornos de si no (des)encontro com o outro. São Paulo: Zagodoni, 2018.

GOMES, Helton Simões. *Como o Facebook coleta seus dados ainda que você esteja fora do Facebook*. Tilt, UOL, 2 jan. 2019. Disponível em: <https://www.uol.com.br/tilt/noticias/redacao/2019/01/02/como-o-facebook-coleta-seus-dados-ainda-que-voce-esteja-fora-do-facebook.htm>. Acesso em 2 nov. 2019.

GOOGLE's 'superhuman' DeepMind AI claims chess crown. *BBC*. 6 dez. 2017. Disponível em: <https://www.bbc.com/news/technology-42251535>. Acesso em 16 mai. 2019.

GPDP. *Cosa intendiamo per dati particolari?*. Roma, Itália, [S. d.]. Disponível em: <https://www.garanteprivacy.it/home/diritti/cosa-intendiamo-per-dati-personali>. Acesso em 20 mai. 2019.

GUERRA FILHO, Willis Santiago; CARNIO, Henrique Garbelini. Metodologia jurídica político-constitucional e o Marco Civil da Internet: contribuição ao direito digital. In: MASSO, Fabiano del; ABRUSIO, Juliana; FLORÊNCIO FILHO, Marco Aurélio (coord). *Marco Civil da Internet*: Lei 12.965/2014. São Paulo: Revista dos Tribunais, 2014.

GUSTIN, Miracy B. S.; DIAS, Maria Teresa Fonseca. *(Re)pensando a pesquisa jurídica*. 2.ed. ver., ampl. e atual. Belo Horizonte: Del Rey, 2006.

HARARI, Yuval Noah. *21 lições para o século XXI*. São Paulo: Companhia das Letras, 2018.

HARARI, Yuval Noah. *Homo deus*: uma breve história do amanhã. São Paulo: Companhia das Letras, 2016.

HIRSCH, Dennis D. Privacy, public goods, and the tragedy of the trust commons: a response to professors Fairfield and Engel. *Duke Law Journal Online*, v. 65, fev. 2016. Disponível em: <https://papers.ssrn.com/sol3/papers.cfm?abstract_id=2783933>. Acesso em 19 nov. 2019.

HUNT, Lynn. Revolução Francesa e vida privada. In: PERROT, Michelle (Org.). *História da vida privada*: da Revolução Francesa à Primeira Guerra. Coleção dirigida por Philippe Ariès e Geroges Duby. São Paulo: Companhia das Letras, 1991.

INTERNATIONAL TELECOMMUNICATION UNION. *Documentos da Cúpula Mundial sobre a Sociedade da Informação*: Genebra 2003 e Túnis 2005. Trad. Marcelo Amorim Guimarães. São Paulo: Comitê Gestor da Internet no Brasil, 2014. Disponível em: <https://www.cgi.br/media/docs/publicacoes/1/CadernosCGIbr_DocumentosCMSI.pdf>. Acesso em 30 mar. 2020.

MENDES, Laura Schertel. *Privacidade, proteção de dados e defesa do consumidor*: linhas gerais de um novo direito fundamental. São Paulo: Saraiva, 2014.

LECUN, Yann; BENGIO, Yoshua; HINTON, Geoffrey. Deep learning. *Nature*, v. 521, p. 436-444, 28 mai. 2015. Disponível em: <https://www.nature.com/articles/nature14539>. Acesso em 03 mai. 2019.

LAJE, Nilson. *Ideologia e técnica da notícia*. UFSC-Insular, 2001. Disponível em: <http://nilsonlage.com.br/wp-content/uploads/2015/04/Ideologia_comp_.pdf>.

LEITÃO, Rafael. *Quais as principais titulações no xadrez?*. RafaelLeitão.com, [S. d.]. Disponível em: <https://rafaelleitao.com/titulacoes-xadrez/>. Acesso em 14 out. 2019.

LIMA, Venício A. de. *Mídia*: teoria e política. 2 ed. São Paulo: Perseu Abramo, 2004.

LISBOA, Roberto Senise. *Contratos difusos e coletivos*: a função social do contrato. 4 ed. São Paulo: Saraiva, 2012.

LISBOA, Roberto Senise. Direito na Sociedade da Informação. *Revista dos Tribunais*, v. 95, n. 847, p. 78-95, mai. 2006. Disponível em: <http://bdjur.stj.jus.br/dspace/handle/2011/88264>. Acesso em 10 mai. 2019.

LISBOA, Roberto Senise. Proteção do consumidor na Sociedade da Informação. *Revista de Direito Privado da UEL*, v. 2, n. 1, jan./abr., 2009. Disponível em: <http://www.uel.br/revistas/direitoprivado/artigos/Roberto_Senise_Lisboa_Prote%C3%A7%C3%A3o_Consumidor_Sociedade_Informa%C3%A7%C3%A3o.pdf>. Acesso em 10 mai. 2019.

LOCK, Robin H. et al. *Estatística*: revelando o poder dos dados. Rio de Janeiro: LTC, 2017.

LOVELUCK, Benjamin. *Redes, liberdades e controle*: uma genealogia política da internet. Petrópolis, RJ: Vozes, 2018.

LUEBKE, David Martin; MILTON, Sybil. Locating the victim: an overview of census-taking, tabulation technology and persecution in Nazi Germany. *IEEE Annals of the History of Computing*, v. 16, n. 3, 1994, p. 25-39. Disponível em: <https://ieeexplore.ieee.org/document/298418>. Acesso em 25 mai. 2019.

LULA engata namoro de dentro da prisão e solteiros trocam Tinder por assalto a mão armada. *Sensacionalista*. [S. l.], Brasil, 19 mai. 2019. Disponível em: <https://www.sensacionalista.com.br/2019/05/19/lula-engata-namoro-de-dentro-da-prisao-e-solteiros-trocam-tinder-por-assalto-a-mao-armada/>. Acesso em 25 abr. 2019.

MARINHO, Irineu Roberto; MARINHO, João Roberto; MARINHO, José Roberto. *Princípios editoriais do Grupo Globo*. Rio de Janeiro: Grupo Globo, 6 ago. 2011. Disponível em: <http://g1.globo.com/principios-editoriais-do-grupo-globo.pdf>. Acesso em 25 abr. 2019.

MARTINI, Renato. *Sociedade da informação*: para onde vamos [livro eletrônico]. São Paulo: Trevisan, 2017. 750 Mb; ePUB.

MASSENO, Manuel David. *A proteção de dados pessoais nos países de língua portuguesa*: apontamentos comparativos. [Palestra] Centro Universitário das Faculdades Metropolitanas Unidas, 25 abr. 2018. Disponível em: <https://www.academia.edu/36498495/A_Prote%C3%A7%C3%A3o_de_Dados_Pessoais_nos_Pa%C3%ADses_de_L%C3%ADngua_Portuguesa_apontamentos_comparativos>. Acesso em 20 nov. 2019.

MASUDA, Yoneji. *The information society*: as post-industrial society. World Future Society: Bethesda, MD, EUA, 1981.

MATTELART, Armand. A era da informação: gênese de uma denominação descontrolada. *Revista Famecos*, Porto Alegre, n. 15, ago. 2001, p. 7-23. Disponível em: <http://revistaseletronicas.pucrs.br/ojs/index.php/revistafamecos/article/viewFile/5399/3937>. Acesso em 10 mai. 2019.

MATTELART, Armand. *História da Sociedade da Informação*. 2 ed. São Paulo: Edições Loyola, 2006.

MENEZES, Luiz Fernando. É falso que filho de motorista de Marielle não tem direito a pensão. *Aos Fatos*, 21 mai. 2019. Disponível em: <https://aosfatos.org/noticias/e-falso-que-filho-de-motorista-de-marielle-nao-tem-direito-pensao/>. Acesso em 25 abr. 2019.

MENEZES, Luiz Fernando. Montagem engana ao mostrar Bolsonaro em museu vendo vídeo de Lula. *Aos Fatos*, 20 mai. 2019. Disponível em: <https://aosfatos.org/noticias/montagem-engana-ao-mostrar-bolsonaro-em-museu-vendo-video-de-lula/>. Acesso em 25 abr. 2019.

MOREIRA, Diogo Rais Rodrigues; BARBOSA, Nathalia Sartarello. O reflexo da sociedade do hiperconsumo no Instagram e a responsabilidade civil dos influenciadores digitais. *Direitos Culturais*, v. 13, n. 30, pp. 73-88, Santo Ângelo, mai./ago. 2018. Disponível em: <http://srvapp2s.urisan.tche.br/seer/index.php/direitosculturais/article/view/2706/1295>. Acesso em 10 nov. 2019.

MOROZOV, Evgeny. *Big tech*: a ascensão dos dados e a morte da política. São Paulo: Ubu Editora, 2018.

NISSEMBAUM, Helen. *Privacy in context*: technology, policy and the integrity of social life. Stanford: Stanford University Press, 2010.

NISSEMBAUM, Helen. Privacy as contextual integrity. *Washington Law Review*, v. 79, Washington, 2004. Disponível em: <https://digitalcommons.law.uw.edu/cgi/viewcontent.cgi?article=4450&context=wlr>. Acesso em 19 nov. 2019.

NOBRE, Márcio Rimet; MOREIRA, Jacqueline de Oliveira. A fantasia no ciberespaço: a disponibilização de múltiplos roteiros virtuais para a subjetividade. *Ágora*, v. 26, n. 2, Rio de Janeiro, jul./dez. 2013, pp. 283-298. Disponível em: <http://www.scielo.br/pdf/agora/v16n2/v16n2a07.pdf>. Acesso em 5 nov. 2019.

PAESANI, Liliana Minardi. *Direito e internet*: liberdade de informação, privacidade e responsabilidade civil. 7 ed. São Paulo: Atlas, 2014.

PAIEIRO, Denise C.; SANTORO, André C. T.; SANTOS, Rafael F. As fake news e os paradigmas do relato jornalístico. In: RAIS, Diogo (coord.). *Fake news*: a conexão entre a desinformação e o direito. São Paulo: Revista dos Tribunais, 2018.

PERROT, Michelle. Outrora, em outro lugar. In: PERROT, Michelle (Org.). *História da vida privada*: da Revolução Francesa à Primeira Guerra. Coleção dirigida por Philippe Ariès e Geroges Duby. São Paulo: Companhia das Letras, 1991.

PINHEIRO, Patrícia Peck. *Proteção de dados pessoais*: comentários à Lei n. 13.709/2018 (LGPD). São Paulo: Saraiva, 2018.

PRESTIPINO, Daniela. *Nuovi scenari di rischio e misure user-centric per la protezione dei dati particolari*. Tese (doutorado em Direito). Universidade de Bolonha, Itália, 2017. Disponível em: <http://amsdottorato.unibo.it/8248/1/Prestipino_Daniela_Tesi.pdf>. Acesso em 20 mai. 2019.

PORTUGAL. *Constituição da República Portuguesa*. 2 abr. 1976. Disponível em: <https://www.parlamento.pt/Parlamento/Documents/CRP1976.pdf>. Acesso em 25 set. 2019.

RAIS, Diogo. Fake news e eleições. In: RAIS, Diogo (coord.). *Fake news*: a conexão entre a desinformação e o direito. São Paulo: Revista dos Tribunais, 2018.

REALE, Miguel. *Filosofia do Direito*. 20 ed. São Paulo: Saraiva, 2002

RODOTÀ, Stefano. *A vida na sociedade da vigilância*: a privacidade hoje. Rio de Janeiro: Renovar, 2008.

ROQUE, André. A tutela coletiva dos dados pessoais na Lei Geral de Proteção de Dados Pessoais (LGPD). *Revista Eletrônica de Direito Processual – REDP*, ano 13, v. 20, n. 2, Rio de Janeiro, mai./ago., 2019. Disponível em: <https://www.e-publicacoes.uerj.br/index.php/redp/article/view/42138>. Acesso em 19 out. 2019.

ROQUE, André Vasconcelos. As ações coletivas no direito brasileiro contemporâneo: de onde viemos, onde estamos e para onde vamos. Revista Eletrônica de Direito Processual – REDP, v. 12, n. 12, Rio de Janeiro, 2013. Disponível em: <https://www.e-publicacoes.uerj.br/index.php/redp/article/view/8671/6548>. Acesso em 19 out. 2019.

REVEALED: 50 million Facebook profiles harvested for Cambridge Analytica in major data breach. *The Guardian*. [S.l.], 17 mar. 2018. Disponível em: <https://www.theguardian.com/news/2018/mar/17/cambridge-analytica-facebook-influence-us-election>. Acesso em 11 mar. 2019.

SAGIROGLU, Seref; SINANC, Duygu. Big data: a review. *International Conference on Collaboration Technologies and Systems (CTS)*. [S. l.], 2013. Disponível em: <https://ieeexplore.ieee.org/abstract/document/6567202>. Acesso em 05 mai. 2019.

SAMPAIO, Dávius da Costa Ribeiro. *Os relatórios do Unicef segundo olhar jornalístico*. Dissertação (mestrado em Comunicação). Faculdade Cásper Líbero, São Paulo, 2009. Disponível em: <https://casperlibero.edu.br/wp-content/uploads/2014/02/16-os-relat%C3%B3rios-do-unicef.pdf>. Acesso em 27 abr. 2019.

SANTI, Pedro Luiz Ribeiro de. Consumo e desejo na cultura do narcisismo. *Comunicação, Mídia e Consumo*, v. 2, n. 5, São Paulo, nov. 2005, pp. 173-204, p. 185. Disponível em: <http://revistacmc.espm.br/index.php/revistacmc/article/view/52/53>. Acesso em 29 out. 2019.

SANTOS, Fabíola. *O marketing digital e a proteção do consumidor*. Dissertação (mestrado em Direito). Pontifícia Universidade Católica de São Paulo, São Paulo, 2009. Disponível em: <http://www.dominiopublico.gov.br/download/teste/arqs/cp090477.pdf>. Acesso em 03 mar. 2019.

SANTOS, Milton. *Por uma outra globalização*: do pensamento único à consciência universal. São Paulo: Record, 2012.

SCHREIBER, Anderson. *Direitos da personalidade*. 3 ed. São Paulo: Atlas, 2014.

SELTZER, William; ANDERSON, Margo. The dark side of numbers: the role of population data systems in human right abuses. *Social Research*, v. 68, n. 2, 2001. Disponível em: <https://www.jstor.org/stable/40971467?seq=1#page_scan_tab_contents>. Acesso em 02 mai. 2019.

SENNETT, Richard. *O declínio do homem público*: as tiranias da intimidade. Rio de Janeiro: Record, 2016.

SILVA, José Afonso da. *Curso de Direito Constitucional Positivo*. 34 ed. São Paulo: Malheiros, 2011.

SIQUEIRA JUNIOR, Paulo Hamilton. *Teoria do Direito*. 4 ed. São Paulo: Saraiva, 2017.

SOLOVE, Daniel. A brief history of information privacy law. *GWU Law School Public Law Research Paper*, [S. l.], n. 215, 2016. Disponível em: <https://ssrn.com/abstract=914271>. Acesso em 08 mar. 2019.

SOLOVE, Daniel. The new vulnerability: data security and personal information. In: CHANDER, Anupam; GELMAN, Lauren; RADIN, Margaret Jane (Orgs.). *Securing privacy in the internet age*. Stanford: Stanford University Press, 2008. Disponível em: <https://papers.ssrn.com/sol3/papers.cfm?abstract_id=583483>. Acesso em 21 mai. 2019.

SOLOVE, Daniel. *Understanding Privacy*. Cambridge, Massachussets, EUA: Harvard University Press, 2008.

SOUZA, Genilda Alves de. A conotação dos dados estatísticos pela mídia impressa. Dissertação (mestrado em Comunicação). Faculdade Cásper Líbero, São Paulo, 2009. Disponível em: <https://casperlibero.edu.br/wp-content/uploads/2014/04/A-conota%C3%A7%C3%A3o-dos-dados-estat%C3%ADsticos.pdf>. Acesso em 27 abr. 2019.

TAKAHASHI, Tadao (org.). *Sociedade da informação no Brasil*: livro verde. Brasília: Ministério da Ciência e Tecnologia, 2000.

TEXAS autoriza cidadão a empunhar armas contra invasão de Bolsonaros. *The Piauí Herald*, 16 mai. 2019. Disponível em: <https://piaui.folha.uol.com.br/herald/2019/05/16/texas-autoriza-cidadao-empunhar-armas-contra-invasao-de-bolsonaros/>. Acesso em 25 abr. 2019.

TOMASEVICIUS FILHO, Eduardo. Marco Civil da Internet: uma lei sem conteúdo normativo. *Estudos Avançados*, v. 30, n. 86, pp. 269-285, São Paulo, abr. 2016. Disponível em: <http://www.scielo.br/scielo.php?script=sci_arttext&pid=S0103-40142016000100269&lng=en&nrm=iso>. Acesso em 15 nov. 2019.

TROJAN name new ultra-thin skin condom after Donald Trump. *National Report*. [S.l.], EUA, 20 mar. 2016. Disponível em: <http://nationalreport.net/trojan-name-new-ultra-thin-skin-condom-donald-trump/>. Acesso em 25 abr. 2019.

UNIÃO EUROPEIA. Regulamento EU 2016/679. *Regulamento Geral sobre a Proteção de Dados*. Bruxelas, Bélgica, 27 abr. 2016. Disponível em: <https://eur-lex.europa.eu/legal-content/PT/TXT/PDF/?uri=CELEX:32016R0679&from=EN>. Acesso em 25 mai. 2019.

UNIÃO EUROPEIA. *Regulamentos, diretivas e outros atos legislativos*. [S. d.]. Disponível em: <https://europa.eu/european-union/eu-law/legal-acts_pt>. Acesso em 18 nov. 2019.

VIGLIAR, José Marcelo Menezes. *Tutela jurisdicional coletiva*. 4 ed. São Paulo: Atlas, 2013.

WARREN, Samuel. D.; BRANDEIS, Louis. D. The Right to Privacy. *Harvard Law Review*, Boston, Massachusetts, EUA, v. 4, n. 5, dez. 1890, pp. 193-220. Disponível em: <http://www.jstor.org/stable/pdf/1321160.pdf>. doi:10.2307/1321160. Acesso em 07 fev. 2019.

WEBSTER, Frank. *Theories of the information society*. 3 ed. Nova York: Routledge, 2006.

ZANATTA, Rafael A. F. A tutela coletiva na proteção de dados pessoais. *Revista do Advogado*: Lei Geral de Proteção de Dados Pessoais, n. 144, São Paulo: Associação dos Advogados de São Paulo, nov. 2019, p. 203.